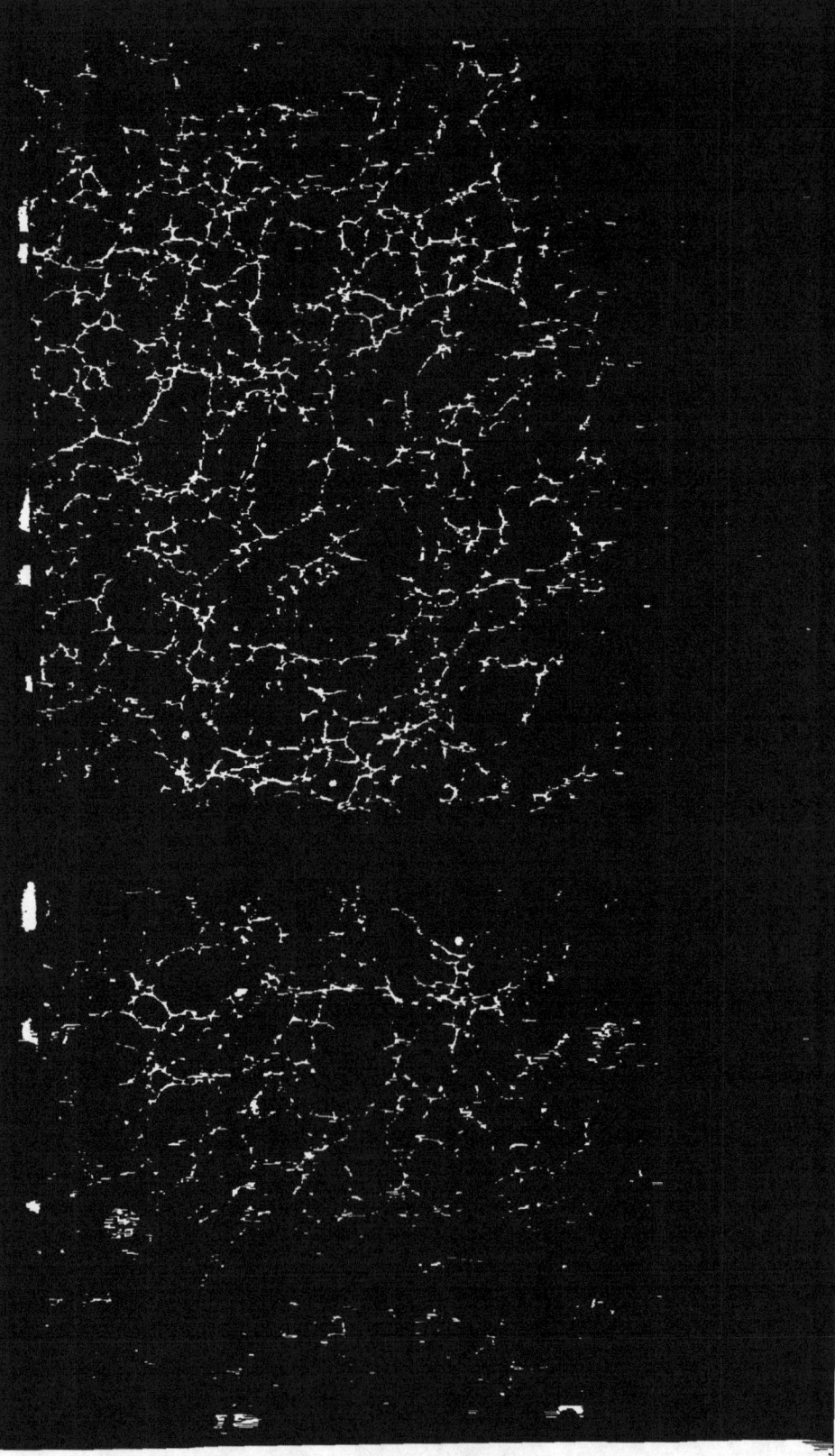

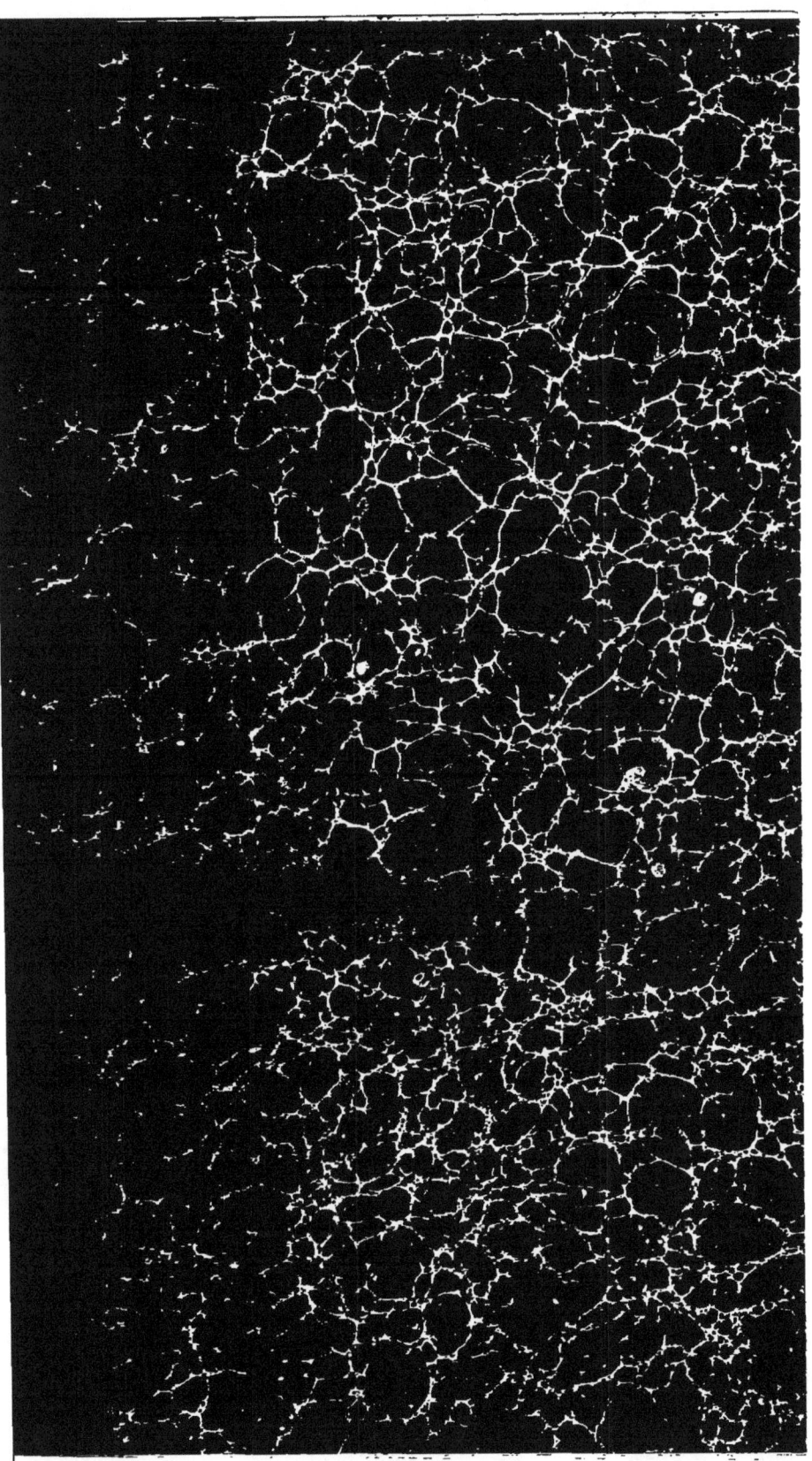

X 381
c.4

18995

ORAISONS
FUNÈBRES
DE BOSSUET.

ORAISONS
FUNÈBRES
DE BOSSUET,
ÉVÊQUE DE MEAUX.

TOME II.

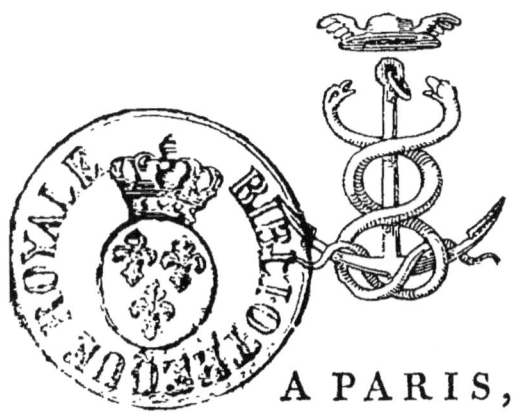

A PARIS,

CHEZ ANT. AUG. RENOUARD.

AN X — 1802.

ORAISON FUNÈBRE

DE

MESSIRE MICHEL LE TELLIER,

CHANCELIER DE FRANCE;

Prononcée dans l'Église paroissiale de S. Gervais, où il est inhumé, le 25 janvier 1686.

Posside sapientiam, acquire prudentiam ; arripe illam, et exaltabit te : glorificaberis ab ea, cum eam fueris amplexatus.

Possédez la sagesse, et acquérez la prudence : si vous la cherchez avec ardeur, elle vous élevera, et vous remplira de gloire, quand vous l'aurez embrassée.   Prov. iv. 7.

Messeigneurs (1),

En louant l'homme incomparable dont cette illustre asssemblée célèbre les funérailles et honore les vertus, je louerai la

(1) A Messeigneurs les Évêques qui étoient présens en habit.

sagesse même : et la sagesse que je dois louer dans ce discours, n'est pas celle qui élève les hommes et qui agrandit les maisons ; ni celle qui gouverne les empires, qui règle la paix et la guerre, et enfin qui dicte les loix, et qui dispense les graces ; car encore que ce grand ministre, choisi par la divine providence pour présider aux conseils du plus sage de tous les rois, ait été le digne instrument des desseins les mieux concertés que l'Europe ait jamais vus ; encore que la sagesse, après l'avoir gouverné dès son enfance, l'ait porté aux plus grands honneurs, et au comble des félicités humaines : sa fin nous a fait paroître que ce n'étoit pas pour ces avantages qu'il en écoutoit les conseils. Ce que nous lui avons vu quitter sans peine, n'étoit pas l'objet de son amour. Il a connu la sagesse que le monde ne connoît pas : (1) cette sagesse « qui « vient d'en-haut, qui descend du père « des lumières, » et qui fait marcher les hommes dans les sentiers de la justice. C'est elle dont la prévoyance s'étend aux siècles futurs, et enferme dans ses desseins l'éternité toute entière. Touché de ses immortels et invisibles attraits, il l'a

───────────

(1) *Sapientia desursum descendens.* Jac. iij. 15.

recherchée avec ardeur, selon le précepte du sage. « (1) La sagesse vous élevera, » dit Salomon, « et vous donnera de la « gloire quand vous l'aurez embrassée. » Mais ce sera une gloire que le sens humain ne peut comprendre. Comme ce sage et puissant ministre aspiroit à cette gloire, il l'a préférée à celle dont il se voyoit environné sur la terre. C'est pourquoi sa modération l'a toujours mis au-dessus de sa fortune. Incapable d'être ébloui des grandeurs humaines, comme il y paroît sans ostentation, il y est vu sans envie; et nous remarquons dans sa conduite ces trois caractères de la véritable sagesse; qu'élevé sans empressement aux premiers honneurs, il a vécu aussi modeste que grand; que dans ses importans emplois, soit qu'il nous paroisse, comme chancelier, chargé de la principale administration de la justice, ou que nous le considérions dans les autres occupations d'un long ministère, supérieur à ses intérêts, il n'a regardé que le bien public; et qu'enfin dans une heureuse vieillesse prêt à rendre avec sa grande ame le sacré dépôt de l'autorité si bien

(1) Exaltabit te (sapientia), glorificaberis ab ea, cum eam fueris amplexatus. Prov. iv. 8.

confié à ses soins, il a vu disparoître toute sa grandeur avec sa vie sans qu'il lui en ait coûté un seul soupir : tant il avoit mis en lieu haut et inaccessible à la mort son cœur et ses espérances. De sorte qu'il nous paroît, selon la promesse du sage, dans « une gloire immortelle, » pour s'être soumis aux loix de la véritable sagesse, et pour avoir fait céder à la modestie l'éclat ambitieux des grandeurs humaines, l'intérêt particulier à l'amour du bien public, et la vie même au desir des biens éternels : C'est la gloire qu'a remportée très-haut et puissant seigneur Messire Michel le Tellier, Chevalier, Chancelier de France.

Le grand cardinal de Richelieu achevoit son glorieux ministère, et finissoit tout ensemble une vie pleine de merveilles. Sous sa ferme et prévoyante conduite, la puissance d'Autriche cessoit d'être redoutée, et la France sortie enfin des guerres civiles, commençoit à donner le branle aux affaires de l'Europe. On avoit une attention particulière à celles d'Italie, et sans parler des autres raisons, Louis XIII, de glorieuse et triomphante mémoire, devoit sa protection à la duchesse de Savoye sa sœur, et à ses enfans.

Jules Mazarin, dont le nom devoit être si grand dans notre histoire, employé par la cour de Rome en diverses négociations, s'étoit donné à la France; et propre par son génie et par ses correspondances à ménager les esprits de sa nation, il avoit fait prendre un cours si heureux aux conseils du cardinal de Richelieu, que ce ministre se crut obligé de l'élever à la pourpre. Par-là il sembla montrer son successeur à la France; et le cardinal Mazarin s'avançoit secrètement à la première place. En ces temps, MICHEL LE TELLIER, encore maître des Requêtes, étoit intendant de justice en Piémont. Mazarin, que ses négociations attiroient souvent à Turin, fut ravi d'y trouver un homme d'une si grande capacité, et d'une conduite si sûre dans les affaires: car les ordres de la cour obligeoient l'ambassadeur à concerter toutes choses avec l'intendant, à qui la divine providence faisoit faire ce léger apprentissage des affaires d'état. Il ne falloit qu'en ouvrir l'entrée à un génie si perçant, pour l'introduire bien avant dans les secrets de la politique. Mais son esprit modéré ne se perdoit pas dans ces vastes pensées; et renfermé, à l'exemple de ses pères, dans les modestes emplois de la robe, il ne jetoit pas seulement les yeux sur les engagemens éclatans, mais périlleux de la cour. Ce n'est pas qu'il ne parût toujours supérieur à ses emplois. Dès sa première jeunesse tout cédoit aux lumières de son esprit, aussi pénétrant et aussi net qu'il étoit grave et sérieux. Poussé par ses amis, il avoit passé du grand conseil, sage compagnie où sa réputation vit encore, à l'importante charge de procureur du roi. Cette grande ville se souvient de l'avoir vu, quoique jeune, avec toutes les qualités d'un grand magistrat, opposé nonseulement aux brigues et aux partialités qui corrompent l'intégrité de la justice, et aux préventions qui en obscurcissent les lumières, mais encore aux voies irrégulières et extraordinaires où elle perd avec sa constance la véritable autorité de ses jugemens. On y vit enfin tout l'esprit et les maximes d'un juge qui, attaché à la règle, ne porte pas dans le tribunal ses propres pensées, ni des adoucissemens ou des rigueurs arbitraires, et qui veut que les loix gouvernent, et non pas les hommes. Telle est l'idée qu'il avoit de la magistrature. Il apporta ce même esprit dans le conseil, où l'autorité du prince, qu'on y exerce avec un pouvoir plus absolu, semble ouvrir un champ plus libre à la justice; et toujours semblable à lui-même, il y suivit dès-lors la même règle qu'il y a établie depuis quand il en a été le chef.

Et certainement, messieurs, je puis dire avec confiance, que l'amour de la justice étoit comme né avec ce grave magistrat, et qu'il croissoit avec lui dès son enfance. C'est aussi de cette heureuse naissance que sa modestie se fit un rempart contre les louanges qu'on donnoit à son intégrité, et l'amour qu'il avoit pour la justice ne lui parut pas mériter le nom de vertu, parce qu'il le portoit, disoit-il, en quelque manière dans le sang. Mais Dieu qui l'avoit prédestiné à être un exemple de justice dans un si beau règne, et dans la première charge d'un si grand royaume, lui avoit fait regarder le devoir de juge où il étoit appelé, comme le moyen particulier qu'il lui donnoit pour accomplir l'œuvre de son salut. C'étoit la sainte pensée qu'il avoit toujours dans le cœur, c'étoit la belle parole qu'il avoit toujours à la bouche; et par-là il faisoit assez connoître combien il avoit pris le goût véritable de la piété chrétienne.

S. Paul en a mis l'exercice, non pas dans ces pratiques particulières que chacun se fait à son gré, plus attaché à ces loix qu'à celles de Dieu; mais à se sanctifier dans son état, et « chacun dans les em- « plois de sa vocation : » (1) *Unusquisque in qua vocatione vocatus est.* Mais si, selon la doctrine de ce grand apôtre, on trouve la sainteté dans les emplois les plus bas, et qu'un esclave s'élève à la perfection dans le service d'un maître mortel, pourvu qu'il y sache regarder l'ordre de Dieu; à quelle perfection l'ame chrétienne ne peut-elle pas aspirer dans l'auguste et saint ministère de la justice, puisque, selon l'écriture, « (2) l'on y exerce le « jugement, non des hommes, mais du « Seigneur même? » Ouvrez les yeux, chrétiens; contemplez ces augustes tribunaux où la justice rend ses oracles : vous y verrez avec David, « (3) les dieux de « la terre, qui meurent à la vérité comme « des hommes, » mais qui cependant doivent juger comme des dieux, sans crainte, sans passion, sans intérêt; le

(1) 1. Cor. vij. 20.
(2) Non enim hominis exercetis judicium ; sed Domini. 2. Paral. xix. 6.
(3) Ego dixi : Dii estis... vos autem sicut homines moriemini. Ps. lxxxj. 6, 7.

dieu des dieux à leur tête comme le chante ce grand roi d'un ton si sublime dans ce divin pseaume : « (1) Dieu assiste » dit-il, « à l'assemblée des dieux, et au mi-« lieu il juge les dieux. » O juges, quelle majesté de vos séances! quel président de vos assemblées! mais aussi quel censeur de vos jugemens! Sous ces yeux redoutables notre sage magistrat écoutoit également le riche et le pauvre; d'autant plus pur et d'autant plus ferme dans l'administration de la justice, que sans porter ses regards sur les hautes places dont tout le monde le jugeoit digne, il mettoit son élévation comme son étude à se rendre parfait dans son état. Non, non, ne le croyez pas, que la justice habite jamais dans les ames où l'ambition domine. Toute ame inquiète et ambitieuse est incapable de règle. L'ambition a fait trouver ces dangereux expédiens, où semblable à un sépulcre blanchi, un juge artificieux ne garde que les apparences de la justice. Ne parlons pas des corruptions qu'on a honte d'avoir à se reprocher. Parlons de la lâcheté ou de la licence d'une justice arbitraire, qui sans

---

(1) Deus stetit in synagoga Deorum : in medio autem Deos dijudicat. Ibid. 1.

règle et sans maxime se tourne au gré de l'ami puissant. Parlons de la complaisance, qui ne veut jamais ni trouver le fil, ni arrêter le progrès d'une procédure malicieuse. Que dirai-je du dangereux artifice qui fait prononcer à la justice, comme autrefois aux démons, des oracles ambigus et captieux? Que dirai-je des difficultés qu'on suscite dans l'exécution, lorsqu'on n'a pu refuser la justice à un droit trop clair? « (1) La loi est déchirée, » comme disoit le prophète, « et le jugement « n'arrive jamais à sa perfection. » *Non pervenit usque ad finem judicium.* Lorsque le juge veut s'agrandir, et qu'il change en une souplesse de cour, le rigide et inexorable ministère de la justice, il fait naufrage contre ces écueils. On ne voit dans ses jugemens qu'une justice imparfaite, semblable, je ne craindrai pas de le dire, à la justice de Pilate : justice qui fait semblant d'être vigoureuse à cause qu'elle résiste aux tentations médiocres, et peut-être aux clameurs d'un peuple irrité; mais qui tombe et disparoît tout-à-coup, lorsqu'on allègue, sans ordre même et mal-à-propos, le nom de César. Que dis-je le nom de César? Ces ames prostituées à

(1) Habac. 1, 4.

l'ambition ne se mettent pas à si haut prix : tout ce qui parle, tout ce qui approche, ou les gagne, ou les intimide, et la justice se retire d'avec elles. Que si elle s'est construit un sanctuaire éternel et incorruptible dans le cœur du sage MICHEL LE TELLIER, c'est que libre des empressemens de l'ambition, il se voit élevé aux plus grandes places, non par ses propres efforts, mais par la douce impulsion d'un vent favorable, ou plutôt comme l'événement l'a justifié, par un choix particulier de la divine Providence. Le cardinal de Richelieu étoit mort, peu regretté de son maître qui craignit de lui devoir trop. Le gouvernement passé fut odieux : ainsi de tous les ministres le cardinal Mazarin plus nécessaire et plus important, fut le seul dont le crédit se soutint ; et le secrétaire d'État chargé des ordres de la guerre, ou rebuté d'un traitement qui ne répondoit pas à son attente, ou déçu par la douceur apparente du repos qu'il crut trouver dans la solitude, ou flatté d'une secrète espérance de se voir plus avantageusement rappelé par la nécessité de ses services, ou agité de ces je ne sais quelles inquiétudes dont les hommes ne savent pas se rendre raison à eux-mêmes, se résolut tout-à-coup à quitter cette grande charge. Le temps étoit arrivé que notre sage ministre devoit être montré à son prince et à sa patrie. Son mérite se fit chercher à Turin sans qu'il y pensât. Le cardinal Mazarin, plus heureux, comme vous verrez, de l'avoir trouvé, qu'il ne le conçut alors, rappela au roi ses agréables services ; et le rapide moment d'une conjoncture imprévue, loin de donner lieu aux sollicitations, n'en laissa pas même aux desirs. Louis XIII rendit au ciel son ame juste et pieuse ; et il parut que notre ministre étoit réservé au roi son fils. Tel étoit l'ordre de la Providence, et je vois ici quelque chose de ce qu'on lit dans Isaïe. La sentence partit d'en haut, et il fut dit à Sobna, chargé d'un ministère principal : « (1) Je t'ôterai de « ton poste, et je te déposerai de ton mi- « nistère. En ce temps j'appellerai mon « serviteur Éliakim, et je le revêtirai de

---

(1) Expellam te de statione tua, et de ministerio tuo deponam te. Et erit in die illa : vocabo servum meum Eliacim filium Helciæ ; et induam illum tunica tua..... et potestatem tuam dabo in manu ejus : Et erit quasi pater habitantibus Jerusalem... Et dabo clavem domus David super humerum ejus ; et aperiet, et non erit qui claudat ; et claudet, et non erit qui aperiat. ISAI. xxij. 19 et suiv.

« ta puissance. » Mais un plus grand honneur lui est destiné : le temps viendra que par l'administration de la justice, « il sera « le père des habitans de Jérusalem et de « la maison de Juda. La clef de la maison « de David, » c'est-à-dire, de la maison régnante, « sera attachée à ses épaules : » il ouvrira, et personne ne pourra fer- « mer : il fermera, et personne ne pourra « ouvrir : » il aura la souveraine dispensation de la justice et des graces.

Parmi ces glorieux emplois, notre ministre a fait voir à toute la France, que sa modération durant quarante ans étoit le fruit d'une sagesse consommée. Dans les fortunes médiocres, l'ambition encore tremblante se tient si cachée qu'à peine se connoît-elle elle-même. Lorsqu'on se voit tout d'un coup élevé aux places les plus importantes, et que je ne sais quoi nous dit dans le cœur, qu'on mérite d'autant plus de si grands honneurs, qu'ils sont venus à nous comme d'eux-mêmes, on ne se possède plus ; et si vous me permettez de vous dire une pensée de Saint Chrysostome, c'est aux hommes vulgaires un trop grand effort, que celui de se refuser à cette éclatante beauté qui se donne à eux. Mais notre sage ministre ne s'y laissa pas emporter. Quel autre parut d'abord plus capable des grandes affaires ? Qui connoissoit mieux les hommes et les temps ? Qui prévoyoit de plus loin, et qui donnoit des moyens plus sûrs pour éviter les inconvéniens dont les grandes entreprises sont environnées ? Mais dans une si haute capacité et dans une si belle réputation, qui jamais a remarqué ou sur son visage un air dédaigneux, ou la moindre vanité dans ses paroles ? Toujours libre dans la conversation, toujours grave dans les affaires, et toujours aussi modéré que fort et insinuant dans ses discours, il prenoit sur les esprits un ascendant que la seule raison lui donnoit. On voyoit et dans sa maison et dans sa conduite, avec des mœurs sans reproche, tout également éloigné des extrémités, tout enfin mesuré par la sagesse. S'il sut soutenir le poids des affaires, il sut aussi les quitter et reprendre son premier repos. Poussé par la cabale, Chaville le vit tranquille durant plusieurs mois au milieu de l'agitation de toute la France. La cour le rappelle en vain : il persiste dans sa paisible retraite, tant que l'état des affaires le put souffrir, encore qu'il n'ignorât pas ce qu'on machinoit contre lui durant son absence; et il ne parut pas moins grand en demeurant sans action, qu'il l'avoit paru en se soutenant au milieu des mouvemens les plus hasardeux. Mais dans le plus grand calme de l'état, aussi-tôt qu'il lui fut permis de se reposer des occupations de sa charge sur un fils qu'il n'eût jamais donné au Roi, s'il ne l'eût senti capable de le bien servir; après qu'il eut reconnu que le nouveau secrétaire d'États avoit avec une ferme et continuelle action suivre les desseins, et exécuter les ordres d'un maître si entendu dans l'art de la guerre : ni la hauteur des entreprises ne surpassoit sa capacité, ni les soins infinis de l'exécution n'étoient au-dessus de sa vigilance; tout étoit prêt aux lieux destinés; l'ennemi également menacé dans toutes ses places; les troupes aussi vigoureuses que disciplinées n'attendoient que les derniers ordres du grand capitaine, et l'ardeur que ses yeux inspirent ; tout tombe sous ses coups, et il se voit l'arbitre du monde; alors le zélé ministre, dans une entière vigueur d'esprit et de corps, crut qu'il pouvoit se permettre une vie plus douce. L'épreuve en est hasardeuse pour un homme d'état; et la retraite presque toujours a trompé ceux qu'elle flattoit de l'espérance du repos. Celui-ci fut d'un caractère plus ferme. Les conseils où il assistoit lui laissoient presque tout son temps ; et après cette grande foule d'hommes et d'affaires qui l'environnoit, il s'étoit lui-même réduit à une espèce d'oisiveté et de solitude: mais il l'a su soutenir. Les heures qu'il avoit libres furent remplies de bonnes lectures, et ce qui passe toutes les lectures, de sérieuses réflexions sur les erreurs de la vie humaine, et sur les vains travaux des politiques, dont il avoit tant d'expérience. L'éternité se présentoit à ses yeux, comme le digne objet du cœur de l'homme. Parmi ces sages pensées, et renfermé dans un doux commerce avec ses amis aussi modestes que lui, car il savoit les choisir de ce caractère, et il leur apprenoit à le conserver dans les emplois les plus importans et de la plus haute confiance, il goûtoit un véritable repos dans la maison de ses pères, qu'il avoit accommodée peu à peu à sa fortune présente, sans lui faire perdre les traces de l'ancienne simplicité, jouissant en sujet fidèle des prospérités de l'état, et de la gloire de son maître. La charge de chancelier vaqua, et toute la France la destinoit à un mi-

nistre si zélé pour la justice. Mais, comme dit le sage : « (1) autant que le ciel s'é-
« lève et que la terre s'incline au-dessous
« de lui, autant le cœur des rois est
« impénétrable. » Enfin le moment du prince n'étoit pas encore arrivé, et le tranquille ministre qui connoissoit les dangereuses jalousies des cours, et les sages tempéramens des conseils des rois, sut encore lever les yeux vers la divine Providence, dont les décrets éternels règlent tous ces mouvemens. Lorsqu'après de longues années il se vit élevé à cette grande charge, encore qu'elle reçût un nouvel éclat en sa personne, où elle étoit jointe à la confiance du prince; sans s'en laisser éblouir, le modeste ministre disoit seulement que le roi, pour couronner plutôt la longueur que l'utilité de ses services, vouloit donner un titre à son tombeau, et un ornement à sa famille. Tout le reste de sa conduite répondit à de si beaux commencemens. Notre siècle qui n'avoit point vu de Chancelier si autorisé, vit en celui-ci autant de modération et de douceur que de dignité et de force, pendant qu'il ne cessoit de se

(1) Cœlum sursum, et terra deorsum : et cor regum inscrutabile. Prov. xxv. 3.

regarder comme devant bientôt rendre compte à Dieu d'une si grande administration. Ses fréquentes maladies le mirent souvent aux prises avec la mort : exercé par tant de combats, il en sortoit toujours plus fort et plus résigné à la volonté divine. La pensée de la mort ne rendit pas sa vieillesse moins tranquille ni moins agréable. Dans la même vivacité, on lui vit faire seulement de plus graves réflexions sur la caducité de son âge, et sur le désordre extrême que causeroit dans l'état une si grande autorité dans des mains trop foibles. Ce qu'il avoit vu arriver à tant de sages vieillards qui sembloient n'être plus rien que leur ombre propre, le rendoit continuellement attentif à lui-même. Souvent il se disoit en son cœur, que le plus malheureux effet de cette foiblesse de l'âge, étoit de se cacher à ses propres yeux; de sorte que tout-à-coup on se trouve plongé dans l'abîme, sans avoir pu remarquer le fatal moment d'un insensible déclin : et il conjuroit ses enfans, par toute la tendresse qu'il avoit pour eux, et par toute leur reconnoissance, qui faisoit sa consolation dans ce court reste de vie, de l'avertir de bonne heure, quand ils verroient sa mémoire vaciller ou son jugement s'affoiblir, afin que par un reste de force il pût garantir le public et sa propre conscience des maux dont les menaçoit l'infirmité de son âge. Et lors même qu'il sentoit son esprit entier, il prononçoit la même sentence, si le corps abattu n'y répondoit pas; car c'étoit la résolution qu'il avoit prise dans sa dernière maladie: et plutôt que de voir languir les affaires avec lui, si ses forces ne lui revenoient, il se condamnoit en rendant les sceaux, à rentrer dans la vie privée, dont aussi jamais il n'avoit perdu le goût, au hasard de s'ensevelir tout vivant, et de vivre peut-être assez pour se voir long-temps traversé par la dignité qu'il auroit quittée: tant il étoit au-dessus de sa propre élévation et de toutes les grandeurs humaines.

Mais ce qui rend sa modération plus digne de nos louanges, c'est la force de son génie né pour l'action, et la vigueur qui durant cinq ans lui fit dévouer sa tête aux fureurs civiles. Si aujourd'hui je me vois contraint de retracer l'image de nos malheurs, je n'en ferai point d'excuse à mon auditoire, où de quelque côté que je me tourne, tout ce qui frappe mes yeux, me montre une fidélité irréprochable, ou peut-être une courte erreur réparée par de longs services. Dans ces fatales conjonctures, il falloit à un ministre étranger un homme d'un ferme génie et d'une égale sûreté, qui, nourri dans les compagnies, connût les ordres du royaume et l'esprit de la nation. Pendant que la magnanime et intrépide régente étoit obligée à montrer le roi enfant aux provinces, pour dissiper les troubles qu'on y excitoit de toutes parts, Paris et le cœur du royaume demandoient un homme capable de profiter des momens, sans attendre de nouveaux ordres, et sans troubler le concert de l'état. Mais le ministre lui-même souvent éloigné de la cour, au milieu de tant de conseils, que l'obscurité des affaires, l'incertitude des événemens, et les différens intérêts faisoient hasarder, n'avoit-il pas besoin d'un homme que la régente pût croire ? Enfin il falloit un homme qui, pour ne pas irriter la haine publique déclarée contre le ministère, sût se conserver de la créance dans tous les partis, et ménager les restes de l'autorité. Cet homme si nécessaire au jeune roi, à la régente, à l'état, au ministre, aux cabales mêmes, pour ne les précipiter pas aux dernières extrémités par le désespoir; vous me prévenez, messieurs, c'est celui dont nous parlons. C'est donc ici qu'il parut comme un génie principal. Alors nous le vîmes s'oublier lui-même; et comme un sage pilote, sans s'étonner ni des vagues, ni des orages, ni de son propre péril, aller droit comme au terme unique d'une si périlleuse navigation, à la conservation du corps de l'état, et au rétablissement de l'autorité royale. Pendant que la cour réduisoit Bordeaux, et que Gaston laissé à Paris pour le maintenir dans le devoir, étoit environné de mauvais conseils, LE TELLIER fut le Chusaï (1) qui les confondit, et qui assura la victoire à l'oint du Seigneur. Fallut-il éventer les conseils d'Espagne, et découvrir le secret d'une paix trompeuse que l'on proposoit, afin d'exciter la sédition pour peu qu'on l'eût différée? LE TELLIER en fit d'abord accepter les offres; notre plénipotentiaire partit, et l'archiduc forcé d'avouer qu'il n'avoit pas de pouvoir, fit connoître lui-même au peuple ému, si toutefois un peuple ému connoît quelque chose, qu'on ne faisoit qu'abuser de sa crédulité. Mais s'il y eut jamais une conjoncture où il fallut montrer de la pré-

(1) 2. REG. xvij.

voyance et un courage intrépide, ce fut lorsqu'il s'agit d'assurer la garde des trois illustres captifs. Quelle cause les fit arrêter ! si ce fut ou des soupçons, ou des vérités, ou de vaines terreurs, ou de vrais périls, et dans un pas si glissant, des précautions nécessaires : qui le pourra dire à la postérité ? Quoi qu'il en soit, l'oncle du roi est persuadé : on croit pouvoir s'assurer des autres princes, et on en fait des coupables, en les traitant comme tels. Mais où garder des lions toujours prêts à rompre leurs chaînes, pendant que chacun s'efforce de les avoir en sa main, pour les retenir ou les lâcher au gré de son ambition ou de ses vengeances ? Gaston, que la cour avoit attiré dans ses sentimens, étoit-il inaccessible aux factieux ? Ne vois-je pas au contraire autour de lui des ames hautaines, qui, pour faire servir les princes à leurs intérêts cachés, ne cessoient de lui inspirer qu'il devoit s'en rendre le maître ? De quelle importance, de quel éclat, de quelle réputation au-dedans et au-dehors d'être le maître du sort du prince de Condé ! Ne craignons point de le nommer, puisqu'enfin tout est surmonté par la gloire de son grand nom et de ses actions immortelles. L'avoir entre ses mains, c'étoit y avoir la victoire même qui le suit éternellement dans les combats. Mais il étoit juste que ce précieux dépôt de l'état demeurât entre les mains du roi, et il lui appartenoit de garder une si noble partie de son sang. Pendant donc que notre ministre travailloit à ce glorieux ouvrage où il y alloit de la royauté et du salut de l'état, il fut seul en butte aux factieux. Lui seul, disoient-ils, savoit dire et taire ce qu'il falloit. Seul il savoit épancher et retenir son discours: impénétrable, il pénétroit tout, et pendant qu'il tiroit le secret des cœurs, il ne disoit, maître de lui-même, que ce qu'il vouloit. Il perçoit dans tous les secrets, démêloit toutes les intrigues, découvroit les entreprises les plus cachées et les plus sourdes machinations. C'étoit ce sage dont il est écrit : « Les conseils se « recèlent dans le cœur de l'homme à la « manière d'un profond abîme, sous une « eau dormante : mais l'homme sage les « épuise; » il en découvre le fond; (1) *Sicut aqua profunda, sic consilium in corde viri: vir sapiens exhauriet illud.* Lui seul réunissoit les gens de bien, rompoit les liaisons des factieux, en déconcertoit les des-

(1) Prov. xx. 5.

seins, et alloit recueillir dans les égarés ce qu'il y restoit quelquefois de bonnes intentions. Gaston ne croyoit que lui ; et lui seul savoit profiter des heureux momens, et des bonnes dispositions d'un si grand prince. « (1) Venez, venez, fai-
« sons contre lui de secrètes menées : *Venite, et cogitemus adversus eum cogitationes.* Unissons-nous pour le décréditer tous ensemble, « frappons-le de notre langue, » et ne souffrons plus qu'on écoute tous « ses beaux discours : » *Percutiamus eum lingua, et non attendamus ad universos sermones ejus.* Mais on faisoit contre lui de plus funestes complots. Combien reçut-il d'avis secrets, que sa vie n'étoit pas en sûreté ! et il connoissoit dans le parti, de ces fiers courages dont la force malheureuse et l'esprit extrême ose tout, et sait trouver des exécuteurs. Mais sa vie ne lui fut pas précieuse, pourvu qu'il fût fidèle à son ministère. Pouvoit-il faire à Dieu un plus beau sacrifice, que de lui offrir une ame pure de l'iniquité de son siècle, et devouée à son prince et à sa patrie ? Jésus nous a montré l'exemple : les juifs même le reconnoissoient pour un si bon citoyen, qu'ils crurent ne pouvoir donner

(1) Jerem. xviij. 18.

auprès de lui une meilleure recommandation à ce centenier, qu'en disant à notre Sauveur : « (1) Il aime notre nation. » Jérémie a-t-il plus versé de larmes que lui sur les ruines de sa patrie ? Que n'a pas fait ce Sauveur miséricordieux pour prévenir les malheurs de ses citoyens ? Fidèle au prince comme à son pays, il n'a pas craint d'irriter l'envie des Pharisiens en défendant les droits de César : (2) et lorsqu'il est mort pour nous sur le Calvaire, victime de l'univers, il a voulu que le plus chéri de ses évangélistes remarquât, qu'il mouroit spécialement « (3) pour sa nation : » *quia moriturus erat pro gente.* Si notre zélé ministre, touché de ces vérités, exposa sa vie, craindroit-il de hasarder sa fortune ? Ne sait-on pas qu'il falloit souvent s'opposer aux inclinations du cardinal son bienfaiteur ? Deux fois, en grand politique, ce judicieux favori sut céder au temps, et s'éloigner de la cour. Mais il le faut dire, toujours il y vouloit revenir trop tôt. Le Tellier s'opposoit à ses impatiences jusqu'à se rendre suspect ; et sans craindre

---

(1) Diligit enim gentem nostram. Luc. vij. 5.
(2) Matth. xxij. 21.
(3) Joann. xj. 51.

ni ses envieux, ni les défiances d'un ministre également soupçonneux et ennuyé de son état, il alloit d'un pas intrépide où la raison d'état le déterminoit. Il sut suivre ce qu'il conseilloit. Quand l'éloignement de ce grand ministre eut attiré celui de ses confidens, supérieur par cet endroit au ministre même dont il admiroit d'ailleurs les profonds conseils, nous l'avons vu retiré dans sa maison, où il conserva sa tranquillité parmi les incertitudes des émotions populaires et d'une cour agitée; et résigné à la Providence, il vit sans inquiétude frémir à l'entour les flots irrités; et parce qu'il souhaitoit le rétablissement du ministre, comme un soutien nécessaire de la réputation et de l'autorité de la régence, et non pas, comme plusieurs autres, pour son intérêt, que le poste qu'il occupoit lui donnoit assez de moyens de ménager d'ailleurs: aucun mauvais traitement ne le rebutoit. Un beau-frere sacrifié malgré ses services, lui montroit ce qu'il pouvoit craindre. Il savoit, crime irrémissible dans les cours, qu'on écoutoit des propositions contre lui-même, et peut-être que sa place eût été donnée, si on eût pu la remplir d'un homme aussi sûr.

Mais il n'en tenoit pas moins la balance droite. Les uns donnoient au ministre des espérances trompeuses ; les autres lui inspiroient de vaines terreurs, et en s'empressant beaucoup, ils faisoient les zélés et les importans. Le Tellier lui montroit la vérité, quoique souvent importune ; et industrieux à se cacher dans les actions éclatantes, il en renvoyoit la gloire au ministre, sans craindre dans le même temps de se charger des refus que l'intérêt de l'état rendoit nécessaires. Et c'est de-là qu'il est arrivé, qu'en méprisant par raison la haine de ceux dont il lui falloit combattre les prétentions, il en acquéroit l'estime, et souvent même l'amitié et la confiance. L'histoire en racontera de fameux exemples, je n'ai pas besoin de les rapporter ; et content de remarquer des actions de vertu dont les sages auditeurs puissent profiter, ma voix n'est pas destinée à satisfaire les politiques ni les curieux. Mais puis-je oublier celui que je vois par-tout dans le récit de nos malheurs ? Cet homme si fidèle aux particuliers, si redoutable à l'état, d'un caractère si haut qu'on ne pouvoit ni l'estimer, ni le craindre, ni l'aimer, ni le haïr à demi ; ferme génie, que nous avons vu en ébranlant l'univers s'attirer une dignité qu'à la fin il voulut quitter comme trop chèrement achetée, ainsi qu'il eut le courage de le reconnoître dans le lieu le plus éminent de la chrétienté, et enfin comme peu capable de contenter ses desirs : tant il connut son erreur, et le vuide des grandeurs humaines. Mais pendant qu'il vouloit acquérir ce qu'il devoit un jour mépriser, il remua tout par de secrets et puissans ressorts; et après que tous les partis furent abattus, il sembla encore se soutenir seul, et seul encore menacer le favori victorieux, de ses tristes et intrépides regards. La religion s'intéresse dans ses infortunes; la ville royale s'émeut, et Rome même menace. Quoi donc, n'est-ce pas assez que nous soyons attaqués au-dedans et au-dehors par toutes les puissances temporelles! Faut-il que la religion se mêle dans nos malheurs, et qu'elle semble nous opposer de près et de loin une autorité sacrée? Mais par les soins du sage Michel le Tellier, Rome n'eut point à reprocher au cardinal Mazarin d'avoir terni l'éclat de la pourpre dont il étoit revêtu, les affaires ecclésiastiques prirent une forme réglée : ainsi le calme fut rendu à l'état; on revoit dans sa première vigueur l'autorité affoiblie : Paris et tout le royaume avec un fidèle et admirable empressement, reconnoît son roi gardé par la Providence, et réservé à ses grands ouvrages : le zèle des compagnies, que de tristes expériences avoient éclairées, est inébranlable ; les pertes de l'état sont réparées ; le cardinal fait la paix avec avantage : au plus haut point de sa gloire, sa joie est troublée par la triste apparition de la mort ; intrépide, il domine jusqu'entre ses bras et au milieu de son ombre : il semble qu'il ait entrepris de montrer à toute l'Europe, que sa faveur attaquée par tant d'endroits, est si hautement rétablie, que tout devient foible contre elle, jusqu'à une mort prochaine et lente. Il meurt avec cette triste consolation ; et nous voyons commencer ces belles années, dont on ne peut assez admirer le cours glorieux. Cependant la grande et pieuse Anne d'Autriche rendoit un perpétuel témoignage à l'inviolable fidélité de notre ministre, où parmi tant de divers mouvemens elle n'avoit jamais remarqué un pas douteux. Le roi qui dès son enfance l'avoit vu toujours attentif au bien de l'état, et tendrement attaché à sa personne sacrée, prenoit confiance en ses conseils; et le ministre conservoit sa modération, soigneux sur-tout de cacher l'important service qu'il rendoit continuellement à l'état, en faisant connoître les hommes capables de remplir les grandes places, et en leur rendant à propos des offices qu'ils ne savoient pas. Car que peut faire de plus utile un zélé ministre, puisque le prince, quelque grand qu'il soit, ne connoît sa force qu'à demi, s'il ne connoît les grands hommes que la Providence fait naître en son temps pour le seconder? Ne parlons pas des vivans, dont les vertus non plus que les louanges, ne sont jamais sûres dans le variable état de cette vie. Mais je veux ici nommer par honneur le sage, le docte et le pieux Lamoignon, que notre ministre proposoit toujours comme digne de prononcer les oracles de la justice dans le plus majestueux de ses tribunaux. La justice, leur commune amie, les avoit unis; et maintenant ces deux ames pieuses, touchées sur la terre du même desir de faire régner les loix, contemplent ensemble à découvert les loix éternelles d'où les nôtres sont dérivées; et si quelque légère trace de nos foibles distinctions paroît encore dans une si simple et si claire vision, elles adorent Dieu en qualité de justice et de règle.

Ecce in justitia regnabit rex, et principes in judicio præerunt : « (1) Le roi régnera « selon la justice, et les juges présideront « en jugement. » La justice passe du prince dans les magistrats, et du trône elle se répand sur les tribunaux. C'est dans le règne d'Ézéchias le modèle de nos jours. Un prince zélé pour la justice, nomme un principal et universel magistrat capable de contenter ses desirs. L'infatigable ministre ouvre des yeux attentifs sur tous les tribunaux : animé des ordres du prince, il y établit la règle, la discipline, le concert, l'esprit de justice. Il sait que si la prudence du souverain magistrat est obligée quelquefois dans les cas extraordinaires de suppléer à la prévoyance des loix, c'est toujours en prenant leur esprit ; et enfin qu'on ne doit sortir de la règle, qu'en suivant un fil qui tienne, pour ainsi dire, à la règle même. Consulté de toutes parts, il donne des réponses courtes, mais décisives, aussi pleines de sagesse que de dignité ; et le langage des loix est dans son discours. Par toute l'étendue du royaume chacun peut faire ses plaintes, assuré de la protection du

(1) Isai. xxxij. 1.

prince ; et la justice ne fut jamais ni si éclairée ni si secourable. Vous voyez comme ce sage magistrat modère tout le corps de la justice. Voulez-vous voir ce qu'il fait dans la sphère où il est attaché, et qu'il doit mouvoir par lui-même ? Combien de fois s'est-on plaint que les affaires n'avoient ni règle ni fin ; que la force des choses jugées n'étoit presque plus connue ; que la compagnie où l'on renversoit avec tant de facilité les jugemens de toutes les autres, ne respectoit pas davantage les siens ; enfin, que le nom du Prince étoit employé à rendre tout incertain, et que souvent l'iniquité sortoit du lieu d'où elle devoit être foudroyée ? Sous le sage MICHEL LE TELLIER, le conseil fit sa véritable fonction ; et l'autorité de ses arrêts, semblable à un juste contre-poids, tenoit par tout le royaume la balance égale. Les juges, que leurs coups hardis et leurs artifices faisoient redouter, furent sans crédit : leur nom ne servit qu'à rendre la justice plus attentive. Au conseil comme au sceau, la multitude, la variété, la difficulté des affaires n'étonnèrent jamais ce grand magistrat : il n'y avoit rien de plus difficile, ni aussi de plus hasardeux que de le surprendre ; et dès le commencement de son ministère, cette irrévocable sentence sortit de sa bouche, que le crime de le tromper seroit le moins pardonnable. De quelque belle apparence que l'iniquité se couvrît, il en pénétroit les détours; et d'abord il savoit connoître, même sous les fleurs, la marche tortueuse de ce serpent. Sans châtiment, sans rigueur, il couvroit l'injustice de confusion, en lui faisant seulement sentir qu'il la connoissoit; et l'exemple de son inflexible régularité, fut l'inévitable censure de tous les mauvais desseins. Ce fut donc par cet exemple admirable, plus encore que par ses discours et par ses ordres, qu'il établit dans le conseil une pureté et un zèle de la justice, qui attire la vénération des peuples, assure la fortune des particuliers, affermit l'ordre public, et fait la gloire de ce règne. Sa justice n'étoit pas moins prompte qu'elle étoit exacte. Sans qu'il fallût le presser, les gémissemens des malheureux plaideurs qu'il croyoit entendre nuit et jour, étoient pour lui une perpétuelle et vive sollicitation. Ne dites pas à ce zélé magistrat, qu'il travaille plus que son grand âge ne le peut souffrir; vous irriterez le plus patient de tous les hommes.

Est-on, disoit-il, dans les places pour se reposer et pour vivre ? ne doit-on pas sa vie à Dieu, au Prince, et à l'État ? Sacrés autels, vous m'êtes témoins que ce n'est pas aujourd'hui par ces artificieuses fictions de l'éloquence, que je lui mets en la bouche ces fortes paroles ! sache la postérité, si le nom d'un si grand ministre fait aller mon discours jusqu'à elle, que j'ai moi-même souvent entendu ces saintes réponses. Après de grandes maladies causées par de grands travaux, on voyoit revivre cet ardent desir de reprendre ses exercices ordinaires, au hasard de retomber dans les mêmes maux ; et tout sensible qu'il étoit aux tendresses de sa famille, il l'accoutumoit à ces courageux sentimens. C'est, comme nous l'avons dit, qu'il faisoit consister avec son salut le service particulier qu'il devoit à Dieu dans une sainte administration de la justice. Il en faisoit son culte perpétuel, son sacrifice du matin et du soir, selon cette parole du Sage: « (1) La justice vaut mieux « devant Dieu, que de lui offrir des vic- « times ; » car quelle plus sainte hostie, quel encens plus doux, quelle prière plus

---

(1) Facere misericordiam et judicium, magis placet Domino quam victimæ. Prov. xxj. 3.

agréable, que de faire entrer devant soi la cause de la veuve, que d'essuyer les larmes du pauvre oppressé, et de faire taire l'iniquité par toute la terre? Combien le pieux ministre étoit touché de ces vérités, ses paisibles audiences le faisoient paroître. Dans les audiences vulgaires, l'un toujours précipité vous trouble l'esprit ; l'autre avec un visage inquiet et des regards incertains, vous ferme le cœur : celui-là se présente à vous par coutume ou par bienséance, et il laisse vaguer ses pensées sans que vos discours arrêtent son esprit distrait ; celui-ci, plus cruel encore, a les oreilles bouchées par ses préventions ; et incapable de donner entrée aux raisons des autres, il n'écoute que ce qu'il a dans son cœur. A la facile audience de ce sage magistrat, et par la tranquillité de son favorable visage, une ame agitée se calmoit. C'est-là qu'on trouvoit « (1) ces douces réponses qui appai-« sent la colère, et (2) ces paroles qu'on « préfère aux dons. » *Verbum melius quam datum.* Il connoissoit les deux visages de la justice : l'un facile dans le premier abord ; l'autre sévère et impitoyable

---

(1) Responsio mollis frangit iram. PROV. XV. 1.
(2) ECCLI. xviij. 16.

quand il faut conclure. Là elle veut plaire aux hommes, et également contenter les deux partis : ici elle ne craint, ni d'offenser le puissant, ni d'affliger le pauvre et le foible. Ce charitable magistrat étoit ravi d'avoir à commencer par la douceur ; et dans toute l'administration de la justice, il nous paroissoit un homme que sa nature avoit fait bienfaisant, et que la raison rendoit inflexible. C'est par où il avoit gagné les cœurs. Tout le royaume faisoit des vœux pour la prolongation de ses jours ; on se reposoit sur sa prévoyance : ses longues expériences étoient pour l'état un trésor inépuisable de sages conseils ; et sa justice, sa prudence, la facilité qu'il apportoit aux affaires, lui méritoient la vénération et l'amour de tous les peuples. O Seigneur, vous avez fait comme dit le Sage : « (1) L'œil qui regarde et l'oreille « qui écoute ! » Vous donc qui donnez aux juges ces regards benins, ces oreilles attentives, et ce cœur toujours ouvert à la vérité, écoutez-nous pour celui qui écoutoit tout le monde. Et vous, doctes interprètes des loix, fidèles dépositaires

(1) Et aurem audientem, et oculum videntem Dominus fecit utrumque. Prov. xx. 12.

de leurs secrets, et implacables vengeurs de leur sainteté méprisée, suivez ce grand exemple de nos jours. Tout l'univers a les yeux sur vous : affranchis des intérêts et des passions, sans yeux comme sans mains, vous marchez sur la terre semblables aux esprits célestes, ou plutôt images de Dieu ; (1) vous en imitez l'indépendance ; comme lui vous n'avez besoin ni des hommes ni de leurs présens ; comme lui vous faites justice à la veuve et au pupille ; l'étranger n'implore pas en vain votre secours ; assurés que vous exercez la puissance du juge de l'univers, vous n'épargnez personne dans vos jugemens. Puisse-t-il avec ses lumières et avec son esprit de force vous donner cette patience, cette attention, et cette docilité toujours accessible à la raison, (2) que Salomon lui demandoit pour juger son peuple.

Mais ce que cette chaire, ce que ces autels, ce que l'évangile que j'annonce, et l'exemple du grand ministre dont je

(1) Dominus Deus vester ipse est Deus Deorum, et Dominus dominantium ; Deus magnus et potens et terribilis, qui personam non accipit nec munera, Facit judicium pupillo et viduæ ; amat peregrinum, et dat ei victum atque vestitum. Deut. x. 17, 18.

(2) 3. Reg. iij. 9.

célèbre les vertus, m'oblige à recommander plus que toutes choses, ce sont les droits sacrés de l'Église. L'Église ramasse ensemble tous les titres par où l'on peut espérer le secours de la justice. La justice doit une assistance particulière aux foibles, aux orphelins, aux épouses délaissées, et aux étrangers. Qu'elle est forte cette Église, et que redoutable est le glaive que le fils de Dieu lui a mis dans la main ! Mais c'est un glaive spirituel, dont les superbes et les incrédules ne ressentent pas le « (1) double tranchant. » Elle est fille du Tout-Puissant : mais son père qui la soutient au-dedans, l'abandonne souvent aux persécuteurs ; et à l'exemple de Jésus-Christ, elle est obligée de crier dans son agonie : « (2) Mon Dieu, « mon Dieu, pourquoi m'avez-vous dé- « laissée ? » Son (3) époux est le plus puissant comme le plus beau et le plus par-

(1) De ore ejus gladius utraque parte acutus exibat. Apoc. 1, 16.

Vivus est sermo Dei et efficax, et penetrabilior omni gladio ancipiti. Heb. iv. 12.

(2) Eli, Eli, lamma sabacthani : hoc est, Deus meus, Deus meus, ut quid dereliquisti me ? Matt. xxvij. 46.

(3) Speciosus forma præ filiis hominum. Psal. xliv. 3.

fait de tous les enfans des hommes; mais elle n'a (1) entendu sa voix agréable, elle n'a joui de sa douce et desirable présence qu'un moment : tout d'un coup il a pris la fuite avec une course rapide, « (2) et « plus vîte qu'un faon de biche, il s'est « élevé au-dessus des plus hautes monta- « gnes ». Semblable à une épouse désolée, l'Église ne fait que gémir, et le (3) chant de la tourterelle délaissée est dans sa bouche. Enfin elle est étrangère et comme errante sur la terre, où elle vient recueillir les enfans de Dieu sous ses ailes; et le monde qui s'efforce de les lui ravir, ne cesse de traverser son pélerinage. Mère affligée, elle a souvent à se plaindre de ses enfans qui l'oppriment : on ne cesse d'entreprendre sur ses droits sacrés : sa puissance céleste est affoiblie, pour ne pas dire tout-à-fait éteinte. On se venge sur elle de quelques-uns de ses ministres trop hardis usurpateurs des droits temporels : à son tour la puissance temporelle

(1) Amicus sponsi qui stat et audit eum, gaudio gaudet propter vocem sponsi. JOANN. iij. 29.

(2) Fuge, dilecte mi, et assimilare capreæ, hinnuloque cervorum super montes aromatum. CANT. viij. 14.

(3) Vox turturis audita est in terra nostra. CANT. ij. 12.

a semblé vouloir tenir l'Église captive, et se récompenser de ses pertes sur Jésus-Christ même : les tribunaux séculiers ne retentissent que des affaires ecclésiastiques : on ne songe pas au don particulier qu'a reçu l'ordre apostolique pour les décider ; don céleste que nous ne recevons qu'une fois « (1) par l'imposition « des mains, » mais que S. Paul nous ordonne de ranimer, de renouveler, et de rallumer sans cesse en nous-mêmes comme un feu divin, afin que la vertu en soit immortelle. Ce don nous est-il seulement accordé pour annoncer la sainte parole, ou pour sanctifier les ames par les sacremens ? N'est-ce pas aussi pour policer les Églises, pour y établir la discipline, pour appliquer les canons inspirés de Dieu à nos saints prédécesseurs, et accomplir tous les devoirs du ministère ecclésiastique ? Autrefois et les canons et les loix, et les évêques, et les empereurs concouroient ensemble à empêcher les ministres des autels de paroître, pour les affaires même temporelles, devant les juges de la terre : on vouloit avoir des in-

---

(1) Admoneo te ut resuscites gratiam Dei quæ est in te per impositionem manuum mearum. 2. TIM. 1, 6.

tercesseurs purs du commerce des hommes, et on craignoit de les rengager dans le siècle d'où ils avoient été séparés pour être le partage du Seigneur. Maintenant c'est pour les affaires ecclésiastiques qu'on les y voit entraînés : tant le siècle a prévalu, tant l'Église est foible et impuissante ! Il est vrai que l'on commence à l'écouter : l'auguste conseil et le premier parlement donnent du secours à son autorité blessée : les sources du droit sont révélées : les saintes maximes revivent. Un roi zélé pour l'Église, et toujours prêt à lui rendre davantage qu'on ne l'accuse de lui ôter, opère ce changement heureux : son sage et intelligent chancelier seconde ses desirs : sous la conduite de ce ministre, nous avons comme un nouveau code favorable à l'épiscopat; et nous vanterons désormais, à l'exemple de nos pères, les loix unies aux canons. Quand ce sage magistrat renvoie les affaires ecclésiastiques aux tribunaux séculiers, ses doctes arrêts leur marquent la voie qu'ils doivent tenir, et le remède qu'il pourra donner à leurs entreprises. Ainsi la sainte clôture protectrice de l'humilité et de l'innocence est établie : ainsi la puissance séculière ne donne plus ce qu'elle n'a pas ; et la sainte subordination des puissances ecclésiastiques, image des célestes hiérarchies et lien de notre unité, est conservée : ainsi la cléricature jouit par tout le royaume de son privilège : ainsi sur le sacrifice des vœux et sur « ce grand sacrement (1) de » l'indissoluble union de Jésus-Christ « avec son Égli- « se, » les opinions sont plus saines dans le barreau éclairé, et parmi les magistrats intelligens, que dans les livres de quelques auteurs qui se disent ecclésiastiques et théologiens. Un grand prélat a part à ces grands ouvrages; habile autant qu'agréable intercesseur auprès d'un père porté par lui-même à favoriser l'Église, il sait ce qu'il faut attendre de la piété éclairée d'un grand ministre, et il représente les droits de Dieu sans blesser ceux de César. Après ces commencemens, ne pourrons-nous pas enfin espérer que les jaloux de la France n'auront pas éternellement à lui reprocher les libertés de l'Église toujours employées contre elle-même ? Ame pieuse du sage MICHEL LE TELLIER, après avoir avancé ce grand ouvrage, recevez devant ces autels ce témoignage sincère

(1) Sacramentum hoc magnum est : ego autem dico in Christo et in ecclesia. EPH. V. 32.

de votre foi et de notre reconnoissance, de la bouche d'un évêque trop tôt obligé à changer en sacrifices pour votre repos, ceux qu'il offroit pour une vie si précieuse. Et vous, saints évêques, interprètes du ciel, juges de la terre, apôtres, docteurs, et serviteurs des églises ; vous qui sanctifiez cette assemblée par votre présence, et vous qui, dispersés par tout l'univers, entendrez le bruit d'un ministère si favorable à l'Église, offrez à jamais de saints sacrifices pour cette ame pieuse. Ainsi puisse la discipline ecclésiastique être entièrement rétablie ; ainsi puisse être rendue la majesté à vos tribunaux, l'autorité à vos jugemens, la gravité et le poids à vos censures ! Puissiez-vous souvent, assemblés au nom de Jésus-Christ, l'avoir au milieu de vous, et revoir la beauté des anciens jours. Qu'il me soit permis du moins de faire des vœux devant ces autels ; de soupirer après les antiquités devant une compagnie si éclairée, et (1) d'annoncer la sagesse entre les parfaits ! Mais, Seigneur, que ce ne soit pas seulement des vœux inutiles ! Que ne pouvons-nous obtenir de votre

(1) Sapientiam loquimur inter perfectos. 1. Cor. ij. 6.

bonté, si, comme nos prédécesseurs, nous faisons nos chastes délices de votre écriture, notre principal exercice de la prédication de votre parole, et notre félicité de la sanctification de votre peuple ; si, attachés à nos troupeaux par un saint amour, nous craignons d'en être arrachés ; si nous sommes soigneux de former des prêtres que Louis puisse choisir pour remplir nos chaires; si nous lui donnons le moyen de décharger sa conscience de cette partie la plus périlleuse de ses devoirs ; et que par une règle inviolable, ceux-là demeurent exclus de l'épiscopat, qui ne veulent pas y arriver par des travaux apostoliques ? Car aussi, comment pourrons-nous sans ce secours incorporer tout-à-fait à l'Église de Jésus-Christ, tant de peuples nouvellement convertis, et porter avec confiance un si grand accroissement de notre fardeau ? Ah ! si nous ne sommes infatigables à instruire, à reprendre, à consoler, à donner le lait aux infirmes, et le pain aux forts; enfin à cultiver ces nouvelles plantes, et à expliquer à ce nouveau peuple la sainte parole, dont hélas ! on s'est tant servi pour le séduire : « (1) le fort armé chassé de

---

(1) Tunc vadit, et assumit septem alios spiritus

« sa demeure reviendra » plus furieux que jamais, « avec sept esprits plus malins que « lui, et notre état deviendra pire que le « précédent » ! Ne laissons pas cependant de publier ce miracle de nos jours : faisons-en passer le récit aux siècles futurs. Prenez vos plumes sacrées, vous qui composez les annales de l'Eglise : (1) agiles instrumens « d'un prompt écrivain et « d'une main diligente, » hâtez-vous de mettre Louis avec les Constantin et les Théodose. Ceux qui vous ont précédés dans ce beau travail, racontent « (2) qu'a-

---

secum, nequiores se; et ingressi habitant ibi : et fiunt novissima illius pejora prioribus. Luc. xj. 21, 24, 25, 26.

(1) Lingua mea calamus scribæ velociter scribentis. Psal. xliv. 1.

(2) Nam superiorum imperatorum temporibus, quicumque Christum colebant, licet opinionibus inter se dissentirent, a gentilibus tamen pro iisdem habebantur....... Quam ob causam singuli facile in unum convenientes, separatim collectas celebrabant, et assidue secum mutuo colloquentes, tametsi pauci numero essent, nequaquam dissipati sunt. Post hanc vero legem nec publice collectas agere eis licuit, lege id prohibente; nec clanculo cum singularum civitatum episcopi ac clerici eos sollicite observarent. Unde factum est ut plerique eorum metu perculsi, ecclesiæ catholicæ sese adjunxerint. Alii vero, licet in eadem sententia perseverarint, nullis tamen opinionis suæ successoribus post se relictis, ex hac vita migrarunt : quippe qui nec in unum coire per-

« vant qu'il y eût des empereurs dont les
« loix eussent ôté les assemblées aux hé-
« rétiques, les sectes demeuroient unies,
« et s'entretenoient long-temps. Mais, »
poursuit Sozomène, « depuis que Dieu sus-
« cita des princes Chrétiens, et qu'ils eu-
« rent défendu ces conventicules, la loi
« ne permettoit pas aux hérétiques de
« s'assembler en public ; et le clergé qui
« veilloit sur eux les empêchoit de le faire
« en particulier. De cette sorte, la plus
« grande partie se réunissoit, et les opi-
« niâtres mouroient sans laisser de posté-
« rité, parce qu'ils ne pouvoient ni com-
« muniquer entr'eux, ni enseigner libre-
« ment leurs dogmes. » Ainsi tomboit l'hérésie avec son venin ; et la discorde ren-
troit dans les enfers, d'où elle étoit sortie. Voilà, messieurs, ce que nos pères
ont admiré dans les premiers siècles de
l'Église. Mais nos pères n'avoient pas vu,
comme nous, une hérésie invétérée tomber tout-à-coup : les troupeaux égarés revenir en foule, et nos Églises trop étroites
pour les recevoir : leurs faux pasteurs les
abandonner, sans même en attendre l'ordre, et heureux d'avoir à leur alléguer

mitterentur, nec opinionis suæ consortes libere ac
sine metu docere possent. Sozom. hist. lib. ij. c. 32.

leur bannissement pour excuse : tout calme dans un si grand mouvement : l'univers étonné de voir dans un événement si nouveau la marque la plus assurée, comme le plus bel usage de l'autorité, et le mérite du prince plus reconnu et plus révéré que son autorité même. Touchés de tant de merveilles, épanchons nos cœurs sur la piété de Louis. Poussons jusqu'au ciel nos acclamations; et disons à ce nouveau Constantin, à ce nouveau Théodose, à ce nouveau Marcien, à ce nouveau Charlemagne, ce que les six cent trente Pères dirent autrefois dans le concile de Chalcédoine : « (1) Vous avez
« affermi la foi ; vous avez exterminé les
« hérétiques : c'est le digne ouvrage de
« votre règne ; c'en est le propre caractère.
« Par vous l'hérésie n'est plus : Dieu seul
« a pu faire cette merveille. Roi du ciel,
« conservez le roi de la terre : c'est le vœu
« des Églises, c'est le vœu des Évêques ».

Quand le sage chancelier reçut l'ordre

---

(1) Hæc digna vestro imperio : hæc propria vestri regni.... Per te orthodoxa fides firmata est ; per te hæresis non est. Cœlestis rex, terrenum custodi. Per te firmata fides est....... Unus Deus qui hoc fecit..... Rex cœlestis augustam custodi, dignam pacis..... Hæc oratio ecclesiarum ; hæc oratio pastorum. Concil. Calced. act. vj.

de dresser ce pieux édit qui donne le dernier coup à l'hérésie, il avoit déjà ressenti l'atteinte de la maladie dont il est mort. Mais un ministre si zélé pour la justice, ne devoit pas mourir avec le regret de ne l'avoir pas rendue à tous ceux dont les affaires étoient préparées. Malgré cette fatale foiblesse qu'il commençoit de sentir, il écouta, il jugea, et il goûta le repos d'un homme heureusement dégagé, à qui ni l'Église, ni le monde, ni son prince, ni sa patrie, ni les particuliers, ni le public, n'avoient plus rien à demander. Seulement Dieu lui réservoit l'accomplissement du grand ouvrage de la religion ; et il dit en scellant la révocation du fameux édit de Nantes, qu'après ce triomphe de la foi et un si beau monument de la piété du roi, il ne se soucioit plus de finir ses jours. C'est la dernière parole qu'il ait prononcée dans la fonction de sa charge ; parole digne de couronner un si glorieux ministère. En effet, la mort se déclare : on ne tente plus de remède contre ses funestes attaques : dix jours entiers il la considère avec un visage assuré, tranquille, toujours assis, comme son mal le demandoit : on croit assister jusqu'à la fin ou à la paisible audience d'un ministre, ou à la douce conversation d'un ami commode. Souvent il s'entretient seul avec la mort: la mémoire, le raisonnement, la parole ferme, et aussi vivant par l'esprit qu'il étoit mourant par le corps, il semble lui demander d'où vient qu'on la nomme cruelle. Elle lui fut nuit et jour toujours présente; car il ne connoissoit plus le sommeil; et la froide main de la mort pouvoit seule lui clorre les yeux. Jamais il ne fut si attentif: « Je suis, » disoit-il, « en « faction; » car il me semble que je lui vois prononcer encore cette courageuse parole. Il n'est pas temps de se reposer: à chaque attaque il se tient prêt, et il attend le moment de sa délivrance. Ne croyez pas que cette constance ait pu naître tout-à-coup entre les bras de la mort: c'est le fruit des méditations que vous avez vues, et de la préparation de toute la vie. La mort révèle les secrets des cœurs. Vous, riches, vous qui vivez dans les joies du monde, si vous saviez avec quelle facilité vous vous laissez prendre aux richesses que vous croyez posséder; si vous saviez par combien d'imperceptibles liens elles s'attachent, et, pour ainsi dire, elles s'incorporent à votre cœur, et combien sont forts et pernicieux ces liens que vous ne sentez pas, vous entendriez la vérité de cette parole du Sauveur : « (1) Malheur à vous, riches! « et vous pousseriez, » comme dit S. Jacques, « (2) des cris lamentables et des hur- « lemens à la vue de vos misères. » Mais vous ne sentez pas un attachement si déréglé. Le desir se fait mieux sentir, parce qu'il a de l'agitation et du mouvement ; mais dans la possession, on trouve comme dans un lit un repos funeste, et on s'endort dans l'amour des biens de la terre sans s'appercevoir de ce malheureux engagement. C'est, mes frères, où tombe celui qui met sa confiance dans les richesses ; je dis même dans les richesses bien acquises. Mais l'excès de l'attachement que nous ne sentons pas dans la possession, se fait, dit S. Augustin, (3) sentir dans la perte. C'est-là qu'on entend ce cri d'un

---

(1) Væ vobis divitibus. Luc. vj. 24.
(2) Agite nunc, divites, plorate ululantes in miseriis vestris quæ advenient vobis. Jac. v. 1.
(3) Illi autem infirmiores, qui terrenis his bonis, quamvis ea non præponerent Christo, aliquantula tamen cupiditate cohærebant, quantum hæc amando peccaverint, perdendo senserunt. Tantum quippe doluerunt, quantum se doloribus inseruerunt. Aug. de Civit. Dei, lib. 1. c. 10. n. 2.

roi malheureux, d'un Agag outré contre la mort qui lui vient ravir tout-à-coup avec la vie sa grandeur et ses plaisirs : *Siccine separat amara mors!* « (1) que la mort amère vient rompre tout-à-coup de si doux liens! » Le cœur saigne : dans la douleur de la plaie, on sent combien ces richesses y tenoient, et le péché que l'on commettoit par un attachement si excessif, se découvre tout entier : *Quantùm amando deliquerint, perdendo senserunt* (2). Par une raison contraire, un homme dont la fortune protégée du ciel ne connoît pas les disgraces, qui, élevé sans envie aux plus grands honneurs, heureux dans sa personne et dans sa famille pendant qu'il voit disparoître une vie si fortunée, bénit la mort, et aspire aux biens éternels ; ne fait-il pas voir qu'il n'avoit pas mis « (3) son cœur dans le « trésor que les voleurs peuvent enlever, » et que comme un autre Abraham, il ne connoît de repos que « (4) dans la cité

(1) Reg. xv. 32.
(2) « Le texte de S. Augustin porte : » Hæc amando peccaverint, etc.
(3) Nolite thesaurisare vobis thesauros in terra.... ubi fures effodiunt et furantur. Thesaurisate autem vobis thesauros in cœlo. Matt. vj. 19, 20.
(4) Expectabat fundamenta habentem civitatem. Heb. xj. 10.

« permanente ? » Un fils consacré à Dieu s'acquitte courageusement de son devoir comme de toutes les autres parties de son ministère, et il va porter la triste parole à un père si tendre et si chéri : il trouve ce qu'il espéroit, un chrétien préparé à tout, qui attendoit ce dernier office de sa piété. L'extrême-onction annoncée par la même bouche à ce philosophe chrétien, excite autant sa piété qu'avoit fait le saint Viatique. Les saintes prières des agonisans réveillent sa foi : son ame s'épanche dans les célestes cantiques, et vous diriez qu'il soit devenu un autre David par l'application qu'il se fait à lui-même de ses divins pseaumes. Jamais juste n'attendit la grace de Dieu avec une plus ferme confiance ; jamais pécheur ne demanda un pardon plus humble, ni ne s'en crut plus indigne. Qui me donnera le burin que Job desiroit pour graver sur l'airain et sur le marbre cette parole sortie de sa bouche en ces derniers jours, que depuis quarante-deux ans qu'il servoit le roi, il avoit la consolation de ne lui avoir jamais donné de conseil que selon sa conscience, et dans un si long ministère de n'avoir jamais souffert une injustice qu'il pût empêcher ! La justice demeurer constante, et, pour ainsi dire, toujours vierge et incorruptible parmi des occasions si délicates : quelle merveille de la grace! Après ce témoignage de sa conscience, qu'avoit-il besoin de nos éloges? Vous étonnez-vous de sa tranquillité? Quelle maladie ou quelle mort peut troubler celui qui porte au fond de son cœur un si grand calme? Que vois-je durant ce temps? des enfans percés de douleur ; car ils veulent bien que je rende ce témoignage à leur piété, et c'est la seule louange qu'ils peuvent écouter sans peine. Que vois-je encore? une femme forte, pleine d'aumônes et de bonnes œuvres, précédée malgré ses desirs par celui que tant de fois elle avoit cru devancer ; tantôt elle va offrir devant les autels cette plus chère et plus précieuse partie d'elle-même ; tantôt elle rentre auprès du malade, non par foiblesse, mais, dit-elle, « pour apprendre « à mourir, et profiter de cet exemple. » L'heureux vieillard jouit jusqu'à la fin des tendresses de sa famille, où il ne voit rien de foible ; mais pendant qu'il en goûte la reconnoissance, comme un autre Abraham, il la sacrifie, et en l'invitant à s'éloigner : « Je veux, » dit-il, « m'arracher « jusqu'aux moindres vestiges de l'huma- « nité. » Reconnoissez-vous un chrétien qui achève son sacrifice, qui fait le dernier effort, afin de rompre tous les liens de la chair et du sang, et ne tient plus à la terre? Ainsi, parmi les souffrances et dans les approches de la mort, s'épure comme dans un feu l'ame chrétienne. Ainsi elle se dépouille de ce qu'il y a de terrestre et de trop sensible, même dans les affections les plus innocentes; telles sont les graces qu'on trouve à la mort. Mais qu'on ne s'y trompe pas, c'est quand on l'a souvent méditée, quand on s'y est long-temps préparé par de bonnes œuvres; autrement la mort porte en elle-même ou l'insensibilité, ou un secret désespoir, ou dans ses justes frayeurs, l'image d'une pénitence trompeuse, et enfin un trouble fatal à la piété. Mais voici dans la perfection de la charité, la consommation de l'œuvre de Dieu. Un peu après, parmi ses langueurs, et percé de douleurs aiguës, le courageux vieillard se lève, et les bras en haut, après avoir demandé la persévérance : « Je ne « desire point, » dit-il, « la fin de mes pei- « nes, mais je desire de voir Dieu. » Que vois-je ici, chrétiens! la foi véritable, qui d'un côté ne se lasse pas de souffrir; vrai caractère d'un chrétien; et de l'autre ne cherche plus qu'à se développer de ses ténèbres, et en dissipant le nuage, se changer en pure lumière et en claire vision. O moment heureux où nous sortirons des ombres et des énigmes (1) pour voir la vérité manifeste! Courons-y, mes frères, avec ardeur; hâtons-nous de « purifier « notre cœur, afin de voir Dieu, » selon la promesse de l'évangile (2). Là est le terme du voyage; là se finissent les gémissemens; là s'achève le travail de la foi, quand elle va pour ainsi dire enfanter la vue. Heureux moment, encore une fois! qui ne te desire pas n'est pas chrétien. Après que ce pieux desir est formé par le Saint-Esprit dans le cœur de ce vieillard plein de foi, que reste-t-il, chrétiens, sinon qu'il aille jouir de l'objet qu'il aime? Enfin, prêt à rendre l'ame : « Je rends graces « à Dieu, » dit-il, « de voir défaillir mon « corps devant mon esprit. » Touché d'un si grand bienfait, et ravi de pouvoir pousser ses reconnoissances jusqu'au dernier soupir, il commença l'hymne des divines miséricordes : (3) *Misericordias Domini in*

(1) Videmus nunc per speculum in ænigmate. 1. Cor. xiij. 12.
(2) Beati mundo corde, quoniam ipsi Deum videbunt. Matt. v. 8.
(3) Psal. lxxxviij.

æternum cantabo. « Je chanterai, » dit-il, « éternellement les miséricordes du Sei- « gneur. » Il expire en disant ces mots, et il continue avec les anges le sacré cantique. Reconnoissez maintenant que sa perpétuelle modération venoit d'un cœur détaché de l'amour du monde, et réjouissez-vous en notre Seigneur de ce que riche il a mérité les graces et la récompense de la pauvreté. Quand je considère attentivement dans l'évangile la parabole, ou plutôt l'histoire du mauvais riche, et que je vois de quelle sorte Jésus-Christ y parle des fortunés de la terre, il me semble d'abord qu'il ne leur laisse aucune espérance au siècle futur. Lazare, pauvre et couvert d'ulcères, « (1) est porté par les anges au « sein d'Abraham ; » pendant que le riche toujours heureux dans cette vie, « est enseveli dans les enfers. » Voilà un traitement bien différent que Dieu fait à l'un et à l'autre. Mais comment est-ce que le fils de Dieu nous en explique la cause ? « (2) Le

---

(1) Factum est autem ut moreretur mendicus, et portaretur ab angelis in sinum Abrahæ. Mortuus est autem et dives ; et sepultus est in inferno. Luc. xvj. 22.

(2) Et dixit illi Abraham : Fili, recordare quia recepisti bona in vita tua ; et Lazarus similiter mala. Nunc autem hic consolatur ; tu vero cruciaris. Ib. 25.

« riche, » dit-il, « a reçu ses biens, et le
« pauvre ses maux dans cette vie; » et
de-là quelle conséquence! Ecoutez, riches, et tremblez : « (1) Et maintenant, »
poursuit-il, « l'un reçoit sa consolation, et
« l'autre son juste supplice. » Terrible distinction! funeste partage pour les grands
du monde! (2) Et toutefois ouvrez les yeux;
c'est le riche Abraham qui reçoit le pauvre Lazare dans son sein, et il vous montre, ô riches du siècle! à quelle gloire vous
pouvez aspirer si, « pauvres en esprit » (3)
et détachés de vos biens, vous vous tenez
aussi prêts à les quitter, qu'un voyageur
empressé à déloger de la tente où il passe
une courte nuit. Cette grace, je le confesse, est rare dans le Nouveau Testament,
où les afflictions et la pauvreté des enfans
de Dieu doivent sans cesse représenter à
toute l'église un Jésus-Christ sur la croix;
et cependant, chrétiens, Dieu nous donne
quelquefois de pareils exemples, afin que
nous entendions qu'on peut mépriser les
charmes de la grandeur, même présente,
et que les pauvres apprennent à ne desirer
pas avec tant d'ardeur ce qu'on peut quit-

(1) Luc. xxvj. 22.
(2) Ibid.
(3) Beati pauperes spiritu. Matth. v. 3.

ter avec joie. Ce ministre si fortuné et si détaché tout ensemble, leur doit inspirer ce sentiment. La mort a découvert le secret de ses affaires; et le public, rigide censeur des hommes de cette fortune et de ce rang, n'y a rien vu que de modéré. On a vu ses biens accrus naturellement par un si long ministère et par une prévoyante économie; et on ne fait qu'ajouter à la louange de grand magistrat et de sage ministre, celle de sage et vigilant père de famille, qui n'a pas été jugée indigne des saints patriarches. Il a donc, à leur exemple, quitté sans peine ce qu'il avoit acquis sans empressement : ses vrais biens ne lui sont pas ôtés, et sa justice demeure aux siècles des siècles. C'est d'elle que sont découlées tant de graces et tant de vertus que sa dernière maladie a fait éclater. (1) Ses aumônes, si bien cachées dans le sein du pauvre, ont prié pour lui : (2) sa main droite les cachoit à sa main gauche; et à la réserve de quelqu'ami qui en a été le ministre ou le témoin nécessaire, ses plus

(1) Conclude eleemosynam in corde pauperis: et hæc pro te exorabit. Eccli. xxix. 15.

(2) Te faciente eleemosynam nesciat sinistra tua quid faciat dextera tua.... Et pater tuus, qui videt in abscondito, reddet tibi. Matth. vj. 3, 4.

intimes confidens les ont ignorées ; mais le « Père qui les a vues dans le secret lui « en a rendu la récompense. » Peuples, ne le pleurez plus ; et vous qui, éblouis de l'éclat du monde, admirez le tranquille cours d'une si longue et si belle vie, portez plus haut vos pensées. Quoi donc ! quatre-vingt-trois ans passés au milieu des prospérités, quand il n'en faudroit retrancher ni l'enfance où l'homme ne se connoît pas, ni les maladies où l'on ne vit point, ni tout le temps dont on a toujours tant de sujet de se repentir, paroîtront-ils quelque chose à la vue de l'éternité où nous nous avançons à si grands pas ? Après cent trente ans de vie, (1) Jacob amené au roi d'Egypte lui raconte la courte durée de son laborieux pélerinage, qui n'égale pas les jours de son père Isaac, ni de son aïeul Abraham. Mais ces ans d'Abraham et d'Isaac, qui ont fait paroître si courts ceux de Jacob, s'évanouissent auprès de la vie de Sem, que celle d'Adam et de Noé efface. Que si le temps comparé au temps, la mesure à la mesure, et le

---

(1) Respondit (Jacob) : Dies peregrinationis meæ centum triginta annorum sunt, parvi et mali ; et non pervenerunt usque ad dies patrum meorum, quibus peregrinati sunt GENES. xlvij. 9.

terme au terme, se réduit à rien ; que sera-ce si l'on compare le temps à l'éternité, où il n'y a ni mesure ni terme ? Comptons donc comme très-court, chrétiens, ou plutôt comptons comme un pur néant tout ce qui finit, puisqu'enfin quand on auroit multiplié les années au-delà de tous les nombres connus, visiblement ce ne sera rien, quand nous serons arrivés au terme fatal. Mais peut-être que prêt à mourir, on comptera pour quelque chose cette vie de réputation, ou cette imagination de revivre dans sa famille qu'on croira laisser solidement établie. Qui ne voit, mes frères, combien vaines, mais combien courtes et combien fragiles sont encore ces secondes vies que notre foiblesse nous fait inventer pour couvrir en quelque sorte l'horreur de la mort! Dormez votre sommeil, riches de la terre, et demeurez dans votre poussière. Ah! si quelques générations ; que dis-je ? si quelques années après votre mort, vous reveniez hommes, oubliés au milieu du monde, vous vous hâteriez de rentrer dans vos tombeaux, pour ne voir pas votre nom terni, votre mémoire abolie, et votre prévoyance trompée dans vos amis, dans vos créatures, et plus encore dans vos héritiers et dans vos enfans! Est-ce là le fruit du travail, dont vous vous êtes consumés sous le soleil, vous amassant un trésor de haine et de colère éternelle au juste jugement de Dieu? Sur-tout, mortels, désabusez-vous de la pensée dont vous vous flattez, qu'après une longue vie, la mort vous sera plus douce et plus facile. Ce ne sont pas les années, c'est une longue préparation qui vous donnera de l'assurance. Autrement un philosophe vous dira en vain que vous devez être rassasiés d'années et de jours, et que vous avez assez vu les saisons se renouveler, et le monde rouler autour de vous; ou plutôt que vous vous êtes assez vu rouler vous-même et passer avec le monde. La dernière heure n'en sera pas moins insupportable, et l'habitude de vivre ne fera qu'en accroître le desir. C'est de saintes méditations, c'est de bonnes œuvres, ce sont ces véritables richesses que vous enverrez devant vous au siècle futur, qui vous inspireront de la force; et c'est par ce moyen que vous affermirez votre courage. Le vertueux Michel le Tellier vous en a donné l'exemple : la sagesse, la fidélité, la justice, la modestie, la prévoyance, la piété; toute la troupe sacrée des vertus, qui veilloient pour ainsi dire autour de lui, en ont banni les frayeurs, et ont fait du jour de sa mort, le plus beau, le plus triomphant, le plus heureux jour de sa vie.

Notice sur Michel le Tellier, chancelier de France.

Michel le Tellier, fils de Michel, seigneur de Châville, près Meudon, et conseiller à la cour des Aides, naquit en 1603, et entra de bonne heure dans la carrière de la magistrature. Il fut pourvu d'une charge de conseiller au grand conseil, n'étant encore âgé que de 21 ans, et s'y fit remarquer par beaucoup d'intégrité et d'application au travail. Il quitta cette charge en 1631 pour exercer celle de procureur du roi au Châtelet. En 1639 il fut fait maître des requêtes ; et un an après nommé à l'intendance de l'armée de Piémont. Dans l'intervalle de ces deux dernières promotions, le cardinal Mazarin l'avoit choisi pour accompagner le chancelier Séguier qu'on envoyoit en Normandie ramener à la soumission les révoltés de cette province. Le chancelier avoit à sa disposition des forces imposantes, le Tellier et lui furent assez heureux et assez habiles pour pouvoir s'en passer. Enfin, Mazarin le proposa au roi pour remplir la charge de secrétaire d'état, vacante par la démission volontaire de M. Desnoyers ; et Michel le Tellier commença dès-lors à faire les fonctions de cette charge, dont il n'eut néanmoins le titre qu'après la mort de son prédécesseur.

Ce fut principalement sous la régence d'Anne d'Autriche et pendant la minorité de Louis XIV, que MICHEL LE TELLIER signala son zèle pour l'autorité royale, et fit preuve à la fois de fermeté et de prudence dans les circonstances critiques où l'on se trouvoit alors. Il eut la plus grande part au traité de Ruel, et ce fut à lui que la reine régente et le cardinal donnèrent leur confiance pendant les troubles qui suivirent de près ce traité.

Quand en 1651 le cardinal Mazarin se vit obligé de céder à l'orage, et de s'éloigner de la cour, MICHEL LE TELLIER crut devoir suivre son exemple; mais il ne tarda pas à être rappelé, et le fut même avant le retour du cardinal; et quand celui-ci fut forcé de nouveau de quitter la cour, et de sortir même du royaume, tout le poids du ministère retomba alors sur MICHEL LE TELLIER, qui demeura constamment auprès de la reine régente et du jeune roi.

Le roi enfin étant rentré dans Paris, et le carnal Mazarin étant revenu à la cour avec plus d'autorité que jamais, MICHEL LE TELLIER fut, pour récompense de ses services, revêtu de la charge de trésorier des ordres du roi; et en 1654 il obtint pour le marquis de Louvois son fils la survivance de sa charge de secrétaire d'état. Lorsqu'en 1659 le cardinal Mazarin partit pour aller négocier la paix avec l'Espagne, et le mariage du roi avec l'infante de ce royaume, c'est à MICHEL LE TELLIER qu'il adressoit la relation de ses conférences avec le ministre d'Espagne.

Le cardinal mourut peu de temps après, et Louis XIV s'étant mis dès-lors à la tête des affaires, ne cessa pas d'accorder toute sa confiance à MICHEL LE TELLIER, qui continua ses fonctions de secrétaire d'état jusqu'en l'année 1666, qu'il obtint la permission d'en remettre les fonctions et le titre à son fils le marquis de Louvois; mais il n'en conserva pas moins la qualité de ministre, et comme tel ne manqua jamais d'assister régulièrement au conseil jusqu'en 1677, que le roi lui donna une nouvelle preuve de sa confiance et de son estime en l'élevant, après la mort de M. d'Aligre, à la dignité de chancelier et garde des sceaux de France. Il avoit alors 74 ans; et dans une place si éminente, et dont les fonctions étoient si étendues, si multipliées, il n'en montra pas moins beaucoup de vigueur d'esprit, d'activité et d'application; il recommandoit souvent à sa famille et à ses amis de l'avertir, dès qu'on appercevroit en lui le moindre affoiblissement de tête, pour que ses infirmités naturelles ne devinssent pas préjudiciables au bien public. Mais il paroît n'avoir pas eu besoin de cet avertissement, que peut-être aussi nul n'auroit voulu se hasarder à lui donner. Il mourut en 1685, encore en possession de cette charge; et jusqu'à ses derniers momens, où il souffrit des douleurs aiguës, et où Bossuet lui-même l'assista, il montra, avec toutes les dispositions d'un chrétien résigné, une fermeté d'ame, une constance à souffrir ses maux, et une force de tête vraiment admirables.

Il s'étoit de tout temps montré fort zélé pour les intérêts de l'Église comme pour la défense et la propagation de la foi catholique. Quand pour terminer l'affaire des droits régaliens, qui depuis quelques années divisoit la cour de France et celle de Rome, le roi convoqua une assemblée générale du clergé, LE TELLIER, alors chancelier, eut beaucoup de part aux délibérations de cette assemblée, et à la rédaction des quatre fameux articles qu'elle dressa. Il ne contribua pas peu aussi à la révocation de l'édit de Nantes, et en scellant cette fameuse déclaration qu'il regardoit comme un des plus grands et des plus glorieux événemens du règne de Louis XIV, il dit en « pleurant de joie, » qu'après ce triomphe de la foi qui mettoit le comble à ses souhaits les plus ardens, il ne craignoit plus de mourir.

Peu de personnes trouveront ce dernier trait aussi

honorable et aussi digne d'éloges que Bossuet a voulu le présenter. Au surplus, l'idée que donne en général ce grand orateur de l'homme dont il est ici question, a été hautement démentie par plusieurs écrivains, notamment par Voltaire dans son Siècle de Louis XIV. Le fameux abbé de Saint-Pierre, dans ses Annales politiques, l'a aussi jugé tout autrement que Bossuet.

ORAISON FUNÈBRE

DE

LOUIS DE BOURBON,

PRINCE DE CONDÉ;

Prononcée dans l'Église de Notre-Dame de Paris, le 10ᵉ jour de mars 1687.

Dominus tecum, virorum fortissime..... Vade in hac fortitudine tua.... Ego ero tecum.

Le Seigneur est avec vous, ô le plus courageux de tous les hommes ! Allez avec ce courage dont vous êtes rempli. Je serai avec vous.
Aux Juges. vj. 12, 14, 16.

MONSEIGNEUR (1),

Au moment que j'ouvre la bouche pour célébrer la gloire immortelle de LOUIS DE BOURBON, prince de Condé, je me sens également confondu et par la grandeur

___
(1) M LE PRINCE, fils du défunt Prince de Condé.

du sujet, et s'il m'est permis de l'avouer, par l'inutilité du travail. Quelle partie du monde habitable n'a pas ouï les victoires du prince de Condé, et les merveilles de sa vie? On les raconte par-tout: le François qui les vante, n'apprend rien à l'étranger; et quoique je puisse aujourd'hui vous en rapporter, toujours prévenu par vos pensées, j'aurai encore à répondre au secret reproche que vous me ferez d'être demeuré beaucoup au-dessous. Nous ne pouvons rien, foibles orateurs, pour la gloire des ames extraordinaires: le Sage a raison de dire, que « (1) leurs seules actions les peu- « vent louer : » toute autre louange languit auprès des grands noms; et la seule simplicité d'un récit fidèle pourroit soutenir la gloire du prince de Condé. Mais en attendant que l'histoire, qui doit ce récit aux siècles futurs, le fasse paroître, il faut satisfaire, comme nous pourrons, à la reconnoissance publique et aux ordres du plus grand de tous les rois. Que ne doit point le royaume à un prince qui a honoré la maison de France, tout le nom françois, son siècle, et pour ainsi dire, l'humanité toute entière? Louis-le-Grand

(1) Laudent eam in portis opera ejus. PROVER. xxj. 31.

est entré lui-même dans ces sentimens. Après avoir pleuré ce grand homme, et lui avoir donné par ses larmes, au milieu de toute sa cour, le plus glorieux éloge qu'il pût recevoir, il assemble dans un temple si célèbre, ce que son royaume a de plus auguste pour y rendre des devoirs publics à la mémoire de ce Prince; et il veut que ma foible voix anime toutes ces tristes représentations et tout cet appareil funèbre. Faisons donc cet effort sur notre douleur. Ici un plus grand objet, et plus digne de cette chaire, se présente à ma pensée. C'est Dieu qui fait les guerriers et les conquérans. « (1) C'est vous, » lui disoit David, « qui avez instruit mes mains « à combattre, et mes doigts à tenir l'épée. » S'il inspire le courage, il ne donne pas moins les autres grandes qualités naturelles et surnaturelles et du cœur et de l'esprit. Tout part de sa puissante main : c'est lui qui envoie du ciel les généreux sentimens, les sages conseils, et toutes les bonnes pensées; mais il veut que nous sachions distinguer entre les dons qu'il abandonne à ses ennemis, et ceux qu'il réserve à ses

(1) Benedictus Dominus Deus meus, qui docet manus meas ad prælium, et digitos meos ad bellum. PSAL. cxliij. 1.

serviteurs. Ce qui distingue ses amis d'avec tous les autres, c'est la piété : jusqu'à ce qu'on ait reçu ce don du ciel, tous les autres non-seulement ne sont rien, mais encore tournent en ruine à ceux qui en sont ornés. Sans ce don inestimable de la piété, que seroit-ce que le prince de Condé avec tout ce grand cœur et ce grand génie ? Non, mes frères, si la piété n'avoit comme consacré ses autres vertus, ni ces princes ne trouveroient aucun adoucissement à leur douleur, ni ce religieux pontife aucune confiance dans ses prières, ni moi-même aucun soutien aux louanges que je dois à un si grand homme. Poussons donc à bout la gloire humaine par cet exemple; détruisons l'idole des ambitieux; qu'elle tombe anéantie devant ces autels. Mettons ensemble aujourd'hui, car nous le pouvons dans un si noble sujet, toutes les plus belles qualités d'une excellente nature; et à la gloire de la vérité, montrons dans un prince admiré de tout l'univers, que ce qui fait les héros, ce qui porte la gloire du monde jusqu'au comble; valeur, magnanimité, bonté naturelle; voilà pour le cœur : vivacité, pénétration, grandeur, et sublimité de génie; voilà pour l'esprit: ne seroient qu'une illusion, si la piété ne s'y étoit jointe; et enfin, que la piété est le tout de l'homme. C'est, messieurs, ce que vous verrez dans la vie éternellement mémorable de très-haut et très-puissant prince LOUIS DE BOURBON, PRINCE DE CONDÉ, PREMIER PRINCE DU SANG.

Dieu nous a révélé que lui seul fait les conquérans, et que seul il les fait servir à ses desseins. Quel autre a fait un Cyrus, si ce n'est Dieu qui l'avoit nommé deux cents ans avant sa naissance dans les oracles d'Isaïe? Tu n'es pas encore, lui disoit-il, « (1) mais je te vois, et je t'ai nommé « par ton nom : tu t'appelleras Cyrus. Je « marcherai devant toi dans les combats; « à ton approche je mettrai les rois en « fuite; je briserai les portes d'airain. C'est « moi qui étends les cieux, qui soutiens la « terre, qui nomme ce qui n'est pas comme « ce qui est; » c'est-à-dire, c'est moi qui fais tout, et moi qui vois, dès l'éternité,

___

(1) Hæc dicit Christo meo Cyro, cujus apprehendi dexteram.... Ego ante te ibo : et gloriosos terræ humiliabo : portas æreas conteram, et vectes ferreos confringam.... Ut scias quia ego Dominus, qui voco nomen tuum.... Vocavi te nomine tuo.... Accinxi te, et non cognovisti me.... Ego Dominus et non est alter, formans lucem, et creans tenebras, faciens pacem, et creans malum : ego Dominus, faciens omnia hæc, etc. ISAI. xlv. 1, 2, 3, 4, 7.

tout ce que je fais. Quel autre a pu former un Alexandre, si ce n'est ce même Dieu qui en a fait voir de si loin, et par des figures si vives, l'ardeur indomptable à son prophète Daniel? « Le voyez-vous, » dit-il, « ce conquérant; avec quelle rapidité (1) « il s'élève de l'occident comme par bonds, « et ne touche pas à terre? » Semblable dans ses sauts hardis et dans sa légère démarche, à ces animaux vigoureux et bondissans, il ne s'avance que par vives et impétueuses saillies, et n'est arrêté ni par montagnes ni par précipices. Déjà le roi de Perse est entre ses mains; « (2) à sa vue « il s'est animé: *efferatus est in eum,* » dit le prophète; « il l'abat, il le foule aux « pieds: nul ne le peut défendre des coups « qu'il lui porte, ni lui arracher sa proie. » A n'entendre que ces paroles de Daniel, qui croiriez-vous voir, messieurs, sous cette figure, Alexandre ou le prince de Condé? Dieu donc lui avoit donné cette indomptable valeur pour le salut de la

---

(1) Veniebat ab occidente super faciem totius terræ; et non tangebat terram. Dan. viij. 5.

(2) Cucurrit ad eum in impetu fortitudinis suæ; cumque appropinquasset prope arietem, efferatus est in eum, et percussit arietem.... cumque eum misisset in terram, conculcavit, et nemo quibat liberare arietem de manu ejus. Ibid. 9, 7.

France, durant la minorité d'un roi de quatre ans. Laissez-le croître ce roi chéri du ciel, tout cédera à ses exploits : supérieur aux siens comme aux ennemis, il saura tantôt se servir, tantôt se passer de ses plus fameux capitaines; et seul sous la main de Dieu, qui sera continuellement à son secours, on le verra l'assuré rempart de ses états. Mais Dieu avoit choisi le duc d'Anguien pour le défendre dans son enfance. Aussi vers les premiers jours de son règne, à l'âge de vingt-deux ans, le duc conçut un dessein où les vieillards expérimentés ne purent atteindre; mais la victoire le justifia devant Rocroy. L'armée ennemie est plus forte, il est vrai; elle est composée de ces vieilles bandes valonnes, italiennes et espagnoles qu'on n'avoit pu rompre jusqu'alors. Mais pour combien falloit-il compter le courage qu'inspiroit à nos troupes le besoin pressant de l'état, les avantages passés, et un jeune prince du sang qui portoit la victoire dans ses yeux? Dom Francisco de Mellos l'attend de pied ferme; et sans pouvoir reculer, les deux généraux et les deux armées semblent avoir voulu se renfermer dans des bois et dans des marais, pour décider leur querelle, comme deux braves en champ clos. Alors, que ne vit-on pas? Le jeune Prince parut un autre homme. Touchée d'un si digne objet, sa grande ame se déclara toute entière; son courage croissoit avec les périls, et ses lumières avec son ardeur. A la nuit qu'il fallut passer en présence des ennemis, comme un vigilant capitaine, il reposa le dernier; mais jamais il ne reposa plus paisiblement. A la veille d'un si grand jour, et dès la première bataille, il est tranquille, tant il se trouve dans son naturel; et on sait que le lendemain, à l'heure marquée, il fallut réveiller d'un profond sommeil cet autre Alexandre. Le voyez-vous comme il vole, ou à la victoire, ou à la mort? Aussi-tôt qu'il eut porté de rang en rang l'ardeur dont il étoit animé, on le vit presqu'en même temps pousser l'aile droite des ennemis, soutenir la nôtre ébranlée, rallier le François à demi vaincu, mettre en fuite l'Espagnol victorieux, porter par-tout la terreur, et étonner de ses regards étincelans ceux qui échappoient à ses coups. Restoit cette redoutable infanterie de l'armée d'Espagne, dont les gros bataillons serrés, semblables à autant de tours, mais à des tours qui sauroient réparer leurs brèches, demeuroient inébranlables au milieu de tout le reste en déroute, et lançoient des feux de toutes parts. Trois fois le jeune vainqueur s'efforça de rompre ces intrépides combattans; trois fois il fut repoussé par le valeureux comte de Fontaines, qu'on voyoit porté dans sa chaise, et malgré ses infirmités, montrer qu'une ame guerrière est maîtresse du corps qu'elle anime; mais enfin il faut céder. C'est en vain qu'à travers des bois avec sa cavalerie toute fraîche, Bek précipite sa marche pour tomber sur nos soldats épuisés. Le Prince l'a prévenu, les bataillons enfoncés demandent quartier; mais la victoire va devenir plus terrible pour le duc d'Anguien que le combat. Pendant qu'avec un air assuré il s'avance pour recevoir la parole de ces braves gens, ceux-ci toujours en garde craignent la surprise de quelque nouvelle attaque: leur effroyable décharge met les nôtres en furie; on ne voit plus que carnage; le sang enivre le soldat, jusqu'à ce que le grand Prince, qui ne put voir égorger ces lions comme de timides brebis, calma les courages émus, et joignit au plaisir de vaincre celui de pardonner. Quel fut alors l'étonnement de ces vieilles troupes et de leurs braves officiers, lorsqu'ils virent qu'il n'y avoit plus de salut pour eux qu'entre les bras du vainqueur ? De quels yeux regardèrent-ils le jeune Prince, dont la victoire avoit relevé la haute contenance, à qui la clémence ajoutoit de nouvelles graces ! Qu'il eût encore volontiers sauvé la vie au brave comte de Fontaines! Mais il se trouva par terre, parmi ces milliers de morts dont l'Espagne sent encore la perte. Elle ne savoit pas que le Prince, qui lui fit perdre tant de ses vieux régimens à la journée de Rocroy, en devoit achever les restes dans les plaines de Lens. Ainsi la première victoire fut le gage de beaucoup d'autres. Le Prince fléchit le genou, et dans le champ de bataille il rend au Dieu des armées la gloire qu'il lui envoyoit; là on célébra Rocroy délivré, les menaces d'un redoutable ennemi tournées à sa honte, la régence affermie, la France en repos, et un règne qui devoit être si beau, commencé par un si heureux présage. L'armée commença l'action de graces; toute la France suivit; on y élevoit jusqu'au ciel le coup d'essai du duc d'Anguien : c'en seroit assez pour illustrer une autre vie que la sienne; mais pour lui, c'est le premier pas de sa course.

Dès cette première campagne, après la prise de Thionville, digne prix de la victoire de Rocroy, il passa pour un capitaine également redoutable dans les siéges et dans les batailles. Mais voici dans un jeune Prince victorieux quelque chose qui n'est pas moins beau que la victoire. La cour qui lui préparoit à son arrivée les applaudissemens qu'il méritoit, fut surprise de la manière dont il les reçut. La reine régente lui a témoigné que le roi étoit content de ses services. C'est dans la bouche du souverain la digne récompense de ses travaux. Si les autres osoient le louer, il repoussoit leurs louanges comme des offenses; et indocile à la flatterie, il en craignoit jusqu'à l'apparence; telle étoit la délicatesse, ou plutôt telle étoit la solidité de ce Prince. Aussi avoit-il pour maxime : écoutez, c'est la maxime qui fait les grands hommes : Que dans les grandes actions il faut uniquement songer à bien faire, et laisser venir la gloire après la vertu; c'est ce qu'il inspiroit aux autres; c'est ce qu'il suivoit lui-même. Ainsi la fausse gloire ne le tentoit pas; tout tendoit au vrai et au grand. De-là vient qu'il mettoit sa gloire dans le service du roi et dans le bonheur de l'état; c'étoit-là le fond de son cœur; c'étoient ses premières et ses plus chères inclinations. La cour ne le retint guère, quoiqu'il en fût la merveille; il falloit montrer par-tout, et à l'Allemagne comme à la Flandre, le défenseur intrépide que Dieu nous donnoit. Arrêtez ici vos regards: il se prépare contre le Prince quelque chose de plus formidable qu'à Rocroy; et pour éprouver sa vertu, la guerre va épuiser toutes ses inventions et tous ses efforts. Quel objet se présente à mes yeux? Ce ne sont pas seulement des hommes à combattre, ce sont des montagnes inaccessibles, ce sont des ravines et des précipices d'un côté; c'est de l'autre un bois impénétrable, dont le fond est un marais, et derrière des ruisseaux, de prodigieux retranchemens: ce sont par-tout des forts élevés, et des forêts abattues qui traversent des chemins affreux; et au-dedans c'est Merci avec ses braves Bavarois enflés de tant de succès et de la prise de Fribourg; Merci qu'on ne vit jamais reculer dans les combats; Merci que le prince de Condé et le vigilant Turenne n'ont jamais surpris dans un mouvement irrégulier, et à qui ils ont rendu ce grand témoignage, que jamais il n'avoit perdu un seul moment favorable, ni manqué de prévenir leurs desseins, comme s'il eût assisté à leurs conseils. Ici donc durant huit jours, et à quatre attaques différentes, on vit tout ce qu'on peut soutenir et entreprendre à la guerre. Nos troupes semblent rebutées autant par la résistance des ennemis que par l'effroyable disposition des lieux, et le Prince se vit quelque temps comme abandonné. Mais comme un autre Machabée, « (1) son bras ne « l'abandonna pas, et son courage irrité « par tant de périls vint à son secours. » On ne l'eut pas plutôt vu pied à terre forcer le premier ces inaccessibles hauteurs, que son ardeur entraîna tout après elle. Merci voit sa perte assurée; ses meilleurs régimens sont défaits; la nuit sauve les restes de son armée. Mais que des pluies excessives s'y joignent encore, afin que nous ayons à-la-fois, avec tout le courage et tout l'art, toute la nature à combattre. Quelqu'avantage que prenne un ennemi habile autant que hardi, et dans quelque affreuse montagne qu'il se retranche de nouveau, poussé de tous côtés, il faut qu'il laisse en proie au duc d'Anguien, non-seulement son canon et son bagage, mais encore tous les environs du Rhin. Voyez comme tout s'ébranle: Philisbourg

---

(1) Salvavit mihi brachium meum, et indignatio mea ipsa auxiliata est mihi. Is. lxiij. 5.

est aux abois en dix jours, malgré l'hiver qui approche : Philisbourg qui tint si long-temps le Rhin captif sous nos loix, et dont le plus grand des rois a si glorieusement réparé la perte. Worms, Spire, Mayence, Landau, vingt autres places de nom ouvrent leurs portes ; Merci ne les peut défendre et ne paroît plus devant son vainqueur : ce n'est pas assez, il faut qu'il tombe à ses pieds, digne victime de sa valeur ; Nordlingue en verra la chute ; il y sera décidé qu'on ne tient non plus devant les François en Allemagne qu'en Flandre, et on devra tous ces avantages au même Prince. Dieu, protecteur de la France et d'un roi qu'il a destiné à ses grands ouvrages, l'ordonne ainsi.

Par ces ordres, tout paroissoit sûr sous la conduite du duc d'Anguien ; et sans vouloir ici achever le jour à vous marquer seulement ses autres exploits, vous savez, parmi tant de fortes places attaquées, qu'il n'y en eut qu'une seule qui pût échapper à ses mains, encore releva-t-elle la gloire du Prince. L'Europe qui admiroit la divine ardeur dont il étoit animé dans les combats, s'étonna qu'il en fût le maître, et dès l'âge de vingt-six ans, aussi capable de ménager ses troupes que de les pousser dans les hasards, et de céder à la fortune, que de la faire servir à ses desseins. Nous le vîmes par-tout ailleurs comme un de ces hommes extraordinaires qui forcent tous les obstacles. La promptitude de son action ne donnoit pas le loisir de la traverser ; c'est-là le caractère des conquérans. Lorsque David, un si grand guerrier, déplora la mort de deux fameux capitaines qu'on venoit de perdre, il leur donna cet éloge : « (1) plus vîtes que les « aigles, plus courageux que les lions. » C'est l'image du Prince que nous regrettons ; il paroît en un moment comme un éclair dans les pays les plus éloignés : on le voit en même temps à toutes les attaques, à tous les quartiers. Lorsqu'occupé d'un côté, il envoie reconnoître l'autre, le diligent officier qui porte ses ordres, s'étonne d'être prévenu, et trouve déjà tout ranimé par la présence du Prince : il semble qu'il se multiplie dans une action : ni le fer ni le feu ne l'arrêtent. Il n'a pas besoin d'armer cette tête qu'il expose à tant de périls ; Dieu lui est une armure plus assurée ; les coups semblent perdre leur force en l'approchant, et lais-

(1) Aquilis velociores, leonibus fortiores. 2. Reg. 1. 25.

ser seulement sur lui des marques de son courage et de la protection du ciel. Ne lui dites pas que la vie d'un premier prince du sang si nécessaire à l'état doit être épargnée : il répond qu'un prince du sang, plus intéressé par sa naissance à la gloire du roi et de la couronne, doit dans le besoin de l'état être dévoué plus que tous les autres pour en relever l'éclat. Après avoir fait sentir aux ennemis durant tant d'années l'invincible puissance du roi, s'il fallut agir au-dedans pour la soutenir, je dirai tout en un mot, il fit respecter la régente ; et puisqu'il faut une fois parler de ces choses dont je voudrois pouvoir me taire éternellement, jusqu'à cette fatale prison, il n'avoit pas seulement songé qu'on pût rien attenter contre l'état; et dans son plus grand crédit, s'il souhaitoit d'obtenir des graces, il souhaitoit encore plus de les mériter. C'est ce qui lui faisoit dire : Je puis bien ici répéter devant ces autels les paroles que j'ai recueillies de sa bouche, puisqu'elles marquent si bien le fond de son cœur : il disoit donc en parlant de cette prison malheureuse, qu'il y étoit entré le plus innocent de tous les hommes, et qu'il en étoit sorti le plus coupable. « Hélas ! »

poursuivoit-il, « je ne respirois que le ser-
« vice du roi, et la grandeur de l'état! »
On ressentoit dans ses paroles un regret
sincère d'avoir été poussé si loin par ses
malheurs. Mais sans vouloir excuser ce
qu'il a si hautement condamné lui-même,
disons pour n'en parler jamais, que comme dans la gloire éternelle les fautes des
saints pénitens couvertes de ce qu'ils ont
fait pour les réparer, et de l'éclat infini
de la divine miséricorde, ne paroissent
plus; ainsi dans des fautes si sincèrement
reconnues, et dans la suite si glorieusement réparées par de fidèles services, il
ne faut plus regarder que l'humble reconnoissance du Prince qui s'en repentit,
et la clémence du grand roi qui les
oublia.

Que s'il est enfin entraîné dans ces guerres infortunées, il y aura du moins cette
gloire de n'avoir pas laissé avilir la grandeur de sa maison chez les étrangers. Malgré la majesté de l'empire, malgré la fierté d'Autriche, et les couronnes héréditaires attachées à cette maison, même dans
la branche qui domine en Allemagne, réfugié à Namur, soutenu de son seul courage et de sa seule réputation, il porta si
loin les avantages d'un prince de France,

et de la première maison de l'univers, que tout ce qu'on put obtenir de lui, fut qu'il consentît de traiter d'égal avec l'archiduc, quoique frère de l'empereur, et fils de tant d'empereurs, à condition qu'en lieu tiers ce prince feroit les honneurs des Pays-Bas. Le même traitement fut assuré au duc d'Anguien, et la maison de France garda son rang sur celle d'Autriche, jusques dans Bruxelles. Mais voyez ce que fait faire un vrai courage. Pendant que le prince se soutenoit si hautement avec l'archiduc qui dominoit, il rendoit au roi d'Angleterre et au duc d'Yorck, maintenant un roi si fameux, malheureux alors, tous les honneurs qui leur étoient dus; et il apprit enfin à l'Espagne trop dédaigneuse quelle étoit cette majesté que la mauvaise fortune ne pouvoit ravir à de si grands princes. Le reste de sa conduite ne fut pas moins grand. Parmi les difficultés que ses intérêts apportoient au traité des Pyrénées, écoutez quels furent ses ordres, et voyez si jamais un particulier traita si noblement ses intérêts. Il mande à ses agens dans la conférence, qu'il n'est pas juste que la paix de la chrétienté soit retardée davantage à sa considération : qu'on ait soin de ses amis; et pour lui, qu'on lui laisse suivre sa fortune. Ah! quelle grande victime se sacrifie au bien public! Mais quand les choses changèrent, et que l'Espagne lui voulut donner ou Cambrai et ses environs, ou le Luxembourg en pleine souveraineté, il déclara qu'il préféroit à ces avantages, et à tout ce qu'on pouvoit jamais lui accorder de plus grand : quoi ? son devoir et les bonnes graces du roi. C'est ce qu'il avoit toujours dans le cœur; c'est ce qu'il répétoit sans cesse au duc d'Anguien. Le voilà dans son naturel : la France le vit alors accompli par ces derniers traits, et avec ce je ne sais quoi d'achevé, que les malheurs ajoutent aux grandes vertus : elle le revit dévoué plus que jamais à l'état et à son roi. Mais dans ses premières guerres, il n'avoit qu'une seule vie à lui offrir : maintenant il en a une autre qui lui est plus chère que la sienne. Après avoir à son exemple glorieusement achevé le cours de ses études, le duc d'Anguien est prêt à le suivre dans les combats. Non content de lui enseigner la guerre, comme il a fait jusqu'à la fin par ses discours, le Prince le mène aux leçons vivantes et à la pratique. Laissons le passage du Rhin, le prodige de notre siècle, et de la vie de Louis-le-Grand. A la journée de Senef, le jeune duc, quoiqu'il commandât, comme il avoit déjà fait en d'autres campagnes, vient dans les plus rudes épreuves apprendre la guerre aux côtés du prince son père. Au milieu de tant de périls, il voit ce grand prince renversé dans un fossé, sous un cheval tout en sang. Pendant qu'il lui offre le sien, et s'occupe à relever le Prince abattu, il est blessé entre les bras d'un père si tendre, sans interrompre ses soins, ravi de satisfaire à la fois à la piété et à la gloire. Que pouvoit penser le Prince, si ce n'est que pour accomplir les plus grandes choses, rien ne manqueroit à ce digne fils, que les occasions? Et ses tendresses se redoubloient avec son estime.

Ce n'étoit pas seulement pour un fils, ni pour sa famille, qu'il avoit des sentimens si tendres. Je l'ai vu, et ne croyez pas que j'use ici d'exagération, je l'ai vu vivement ému des périls de ses amis : je l'ai vu simple et naturel, changer de visage au récit de leurs infortunes, entrer avec eux dans les moindres choses comme dans les plus importantes; dans les accommodemens calmer les esprits aigris avec une patience et une douceur qu'on n'auroit jamais attendue d'une humeur si vive, ni d'une si haute élévation. Loin de nous les héros sans humanité. Ils pourront bien forcer les respects, et ravir l'admiration comme font tous les objets extraordinaires ; mais ils n'auront pas les cœurs. Lorsque Dieu forma le cœur et les entrailles de l'homme, il y mit premièrement la bonté comme le propre caractère de la nature divine, et pour être comme la marque de cette main bienfaisante dont nous sortons. La bonté devoit donc faire comme le fond de notre cœur, et devoit être en même temps le premier attrait que nous aurions en nous-mêmes pour gagner les autres hommes. La grandeur qui vient par-dessus, loin d'affoiblir la bonté, n'est faite que pour l'aider à se communiquer davantage, comme une fontaine publique qu'on élève pour la répandre. Les cœurs sont à ce prix : et les grands dont la bonté n'est pas le partage, par une juste punition de leur dédaigneuse insensibilité, demeureront privés éternellement du plus grand bien de la vie humaine, c'est-à-dire, des douceurs de la société. Jamais homme ne les goûta mieux que le Prince dont nous parlons : jamais homme ne craignit moins que la familiarité blessât le respect. Est-ce là celui qui forçoit les villes, et qui gagnoit les batailles? Quoi! il semble avoir oublié ce haut rang qu'on lui a vu si bien défendre! Reconnoissez le héros qui, toujours égal à lui-même, sans se hausser pour paroître grand, sans s'abaisser pour être civil et obligeant, se trouve naturellement tout ce qu'il doit être envers tous les hommes : comme un fleuve majestueux et bienfaisant, qui porte paisiblement dans les villes l'abondance qu'il a répandue dans les campagnes en les arrosant; qui se donne à tout le monde, et ne s'élève et ne s'enfle, que lorsqu'avec violence on s'oppose à la douce pente qui le porte à continuer son tranquille cours. Telle a été la douceur, et telle a été la force du prince de Condé. Avez-vous un secret important ? Versez-le hardiment dans ce noble cœur : votre affaire devient la sienne par la confiance. Il n'y a rien de plus inviolable pour ce Prince, que les droits sacrés de l'amitié. Lorsqu'on lui demande une grace, c'est lui qui paroît l'obligé ; et jamais on ne vit de joie ni si vive ni si naturelle que celle qu'il ressentoit à faire plaisir. Le premier argent qu'il reçut d'Espagne avec la permission du roi, malgré les nécessités de sa maison épuisée, fut donné à ses amis, encore qu'après la paix il n'eût rien à espérer de leur secours; et quatre cent mille écus distribués par ses ordres, firent voir, chose rare dans la vie humaine, la reconnoissance aussi vive dans le prince de Condé, que l'espérance d'engager les hommes l'est dans les autres. Avec lui la vertu eut toujours son prix. Il la louoit jusques dans ses ennemis. Toutes les fois qu'il avoit à parler de ses actions, et même dans les relations qu'il envoyoit à la cour, il vantoit les conseils de l'un, la hardiesse de l'autre, chacun avoit son rang dans ses discours; et parmi ce qu'il donnoit à tout le monde, on ne savoit où placer ce qu'il avoit fait lui-même. Sans envie, sans fard, sans ostentation, toujours grand dans l'action et dans le repos, il parut à Chantilly comme à la tête des troupes. Qu'il embellît cette magnifique et délicieuse maison, ou bien qu'il munît un camp au milieu du pays ennemi, et qu'il fortifiât une place; qu'il marchât avec une armée parmi les périls, ou qu'il conduisît ses amis dans ces superbes allées au bruit de tant de jets-d'eau qui ne se taisoient ni jour ni nuit :

c'étoit toujours le même homme, et sa gloire le suivoit par-tout. Qu'il est beau après les combats et le tumulte des armes de savoir encore goûter ces vertus paisibles, et cette gloire tranquille qu'on n'a point à partager avec le soldat non plus qu'avec la fortune : où tout charme, et rien n'éblouit : qu'on regarde sans être étourdi ni par le son des trompettes, ni par le bruit des canons, ni par les cris des blessés ; où l'homme paroît tout seul aussi grand, aussi respecté, que lorsqu'il donne des ordres, et que tout marche à sa parole !

Venons maintenant aux qualités de l'esprit ; et puisque pour notre malheur, ce qu'il y a de plus fatal à la vie humaine, c'est-à-dire, l'art militaire, est en même temps ce qu'elle a de plus ingénieux et de plus habile, considérons d'abord par cet endroit le grand génie de notre Prince. Et premièrement, quel général porta jamais plus loin sa prévoyance ? C'étoit une de ses maximes, qu'il falloit craindre les ennemis de loin pour ne les plus craindre de près, et se réjouir à leur approche. Le voyez-vous comme il considère tous les avantages qu'il peut ou donner ou prendre ? avec quelle vivacité il se met dans l'esprit en un moment, les temps, les lieux, les personnes, et non-seulement leurs intérêts et leurs talens, mais encore leurs humeurs et leurs caprices! Le voyez-vous comme il compte la cavalerie et l'infanterie des ennemis, par le naturel des pays, ou des princes confédérés? Rien n'échappe à sa prévoyance. Avec cette prodigieuse compréhension de tout le détail et du plan universel de la guerre, on le voit toujours attentif à ce qui survient: il tire d'un déserteur, d'un transfuge, d'un prisonnier, d'un passant, ce qu'il veut dire, ce qu'il veut taire, ce qu'il sait, et pour ainsi dire ce qu'il ne sait pas: tant il est sûr dans ses conséquences. Ses partis lui rapportent jusqu'aux moindres choses: on l'éveille à chaque moment; car il tenoit encore pour maxime, qu'un habile capitaine peut bien être vaincu, mais qu'il ne lui est pas permis d'être surpris. Aussi lui devons-nous cette louange, qu'il ne l'a jamais été. A quelque heure et de quelque côté que viennent les ennemis, ils le trouvent toujours sur ses gardes, toujours prêt à fondre sur eux, et à prendre ses avantages: comme une aigle qu'on voit toujours, soit qu'elle vole au milieu des airs, soit qu'elle se pose sur le haut de quelque rocher, porter de tous côtés des regards perçans, et tomber si sûrement sur sa proie, qu'on ne peut éviter ses ongles non plus que ses yeux. Aussi vifs étoient les regards, aussi vîte et impétueuse étoit l'attaque, aussi fortes et inévitables étoient les mains du prince de Condé. En son camp on ne connoît point les vaines terreurs, qui fatiguent et rebutent plus que les véritables. Toutes les forces demeurent entières pour les vrais périls : tout est prêt au premier signal ; et comme dit le prophète : « (1) Toutes les flèches « sont aiguisées, et tous les arcs sont ten- « dus ». En attendant on repose d'un sommeil tranquille, comme on feroit sous son toit et dans son enclos. Que dis-je qu'on repose ? A Piéton, près de ce corps redoutable que trois puissances réunies avoient assemblé, c'étoit dans nos troupes de continuels divertissemens : toute l'armée étoit en joie, et jamais elle ne sentit qu'elle fût plus foible que celle des ennemis. Le Prince par son campement avoit mis en sûreté non-seulement toute notre frontière et toutes nos places, mais

(1) Sagittæ ejus acutæ, et omnes arcus ejus extensi. ISAI. v. 28.

encore tous nos soldats : il veille, c'est assez. Enfin l'ennemi décampe; c'est ce que le Prince attendoit. Il part à ce premier mouvement : déjà l'armée hollandoise avec ses superbes étendards, ne lui échappera pas : tout nage dans le sang, tout est en proie : mais Dieu sait donner des bornes aux plus beaux desseins. Cependant les ennemis sont poussés partout. Oudenarde est délivrée de leurs mains : pour les tirer eux-mêmes de celles du Prince, le ciel les couvre d'un brouillard épais : la terreur et la désertion se met dans leurs troupes : on ne sait plus ce qu'est devenue cette formidable armée. Ce fut alors que Louis, qui après avoir achevé le rude siége de Besançon, et avoir encore une fois réduit la Franche-Comté avec une rapidité inouie, étoit revenu tout brillant de gloire pour profiter de l'action de ses armées de Flandre et d'Allemagne, commanda ce détachement qui fit en Alsace les merveilles que vous savez, et parut le plus grand de tous les hommes, tant par les prodiges qu'il avoit faits en personne, que par ceux qu'il fit faire à ses généraux.

Quoiqu'une heureuse naissance eût apporté de si grands dons à notre Prince, il ne cessoit de l'enrichir par ses réflexions. Les campemens de César firent son étude. Je me souviens qu'il nous ravissoit, en nous racontant comme en Catalogne, dans les lieux où ce fameux capitaine (1), par l'avantage des postes, contraignit cinq légions romaines et deux chefs expérimentés à poser les armes sans combats; lui-même il avoit été reconnoître les rivières et les montagnes qui servirent à ce grand dessein; et jamais un si digne maître n'avoit expliqué par de si doctes leçons les Commentaires de César. Les capitaines des siècles futurs lui rendront un honneur semblable. On viendra étudier sur les lieux ce que l'histoire racontera du campement de Piéton, et des merveilles dont il fut suivi. On remarquera dans celui de Chatenoy l'éminence qu'occupa ce grand capitaine, et le ruisseau dont il se couvrit sous le canon du retranchement de Schelestad. Là, on lui verra mépriser l'Allemagne conjurée, suivre à son tour les ennemis, quoique plus forts, rendre leurs projets inutiles, et leur faire lever le siége de Saverne, comme il avoit fait un peu auparavant celui de Haguenau. C'est par de semblables coups,

(1) De Bello Civili, lib. 1.

dont sa vie est pleine, qu'il a porté si haut sa réputation, que ce sera dans nos jours s'être fait un nom parmi les hommes, et s'être acquis un mérite dans les troupes, d'avoir servi sous le prince de Condé, et comme un titre pour commander de l'avoir vu faire.

Mais si jamais il parut un homme extraordinaire, s'il parut être éclairé, et voir tranquillement toutes choses ; c'est dans ces rapides momens d'où dépendent les victoires, et dans l'ardeur du combat. Par-tout ailleurs il délibère ; docile il prête l'oreille à tous les conseils : ici tout se présente à la fois ; la multitude des objets ne le confond pas ; à l'instant le parti est pris, il commande et il agit tout ensemble, et tout marche en concours et en sûreté. Le dirai-je ? mais pourquoi craindre que la gloire d'un si grand homme puisse être diminuée par cet aveu ? Ce n'est plus ses promptes saillies qu'il savoit si vîte et si agréablement réparer, mais enfin qu'on lui voyoit quelquefois dans les occasions ordinaires : vous diriez qu'il y a en lui un autre homme, à qui sa grande ame abandonne de moindres ouvrages où elle ne daigne se mêler. Dans le feu, dans le choc, dans l'ébranlement, on voit naître tout-à-coup je ne sais quoi de si net, de si posé, de si vif, de si ardent, de si doux, de si agréable pour les siens, de si hautain, et de si menaçant pour les ennemis, qu'on ne sait d'où lui peut venir ce mélange de qualités si contraires. Dans cette terrible journée, où aux portes de la ville et à la vue de ses citoyens, le ciel sembla vouloir décider du sort de ce Prince, où avec l'élite des troupes il avoit en tête un général si pressant, où il se vit plus que jamais exposé aux caprices de la fortune : pendant que les coups venoient de tous côtés, ceux qui combattoient auprès de lui nous ont dit souvent, que si l'on avoit à traiter quelque grande affaire avec ce Prince, on eût pu choisir de ces momens où tout étoit en feu autour de lui : tant son esprit s'élevoit alors, tant son ame leur paroissoit éclairée comme d'en haut en ces terribles rencontres : semblable à ces hautes montagnes dont la cime au-dessus des nues et des tempêtes, trouve la sérénité dans sa hauteur, et ne perd aucun rayon de la lumière qui l'environne. Ainsi dans les plaines de Lens, nom agréable à la France, l'archiduc, contre son dessein, tiré d'un poste invincible par l'appât d'un succès trompeur, par un soudain mouvement du Prince qui lui oppose des troupes fraîches à la place des troupes fatiguées, est contraint à prendre la fuite. Ses vieilles troupes périssent; son canon où il avoit mis sa confiance est entre nos mains; et Bek, qui l'avoit flatté d'une victoire assurée, pris et blessé dans le combat, vient rendre en mourant un triste hommage à son vainqueur par son désespoir. S'agit-il ou de secourir ou de forcer une ville? le Prince saura profiter de tous les momens. Ainsi, au premier avis que le hasard lui porta d'un siége important, il traverse trop promptement tout un grand pays; et d'une première vue, il découvre un passage assuré pour le secours, aux endroits qu'un ennemi vigilant n'a pu encore assez munir. Assiége-t-il quelque place? il invente tous les jours de nouveaux moyens d'en avancer la conquête. On croit qu'il expose les troupes: il les ménage en abrégeant le temps des périls par la vigueur des attaques. Parmi tant de coups surprenans, les gouverneurs les plus courageux ne tiennent pas les promesses qu'ils ont faites à leurs généraux: Dunkerque est pris en treize jours au milieu des pluies de l'automne ; et ces barques si redoutées de nos alliés, paroissent tout-à-coup dans tout l'océan avec nos étendards.

Mais ce qu'un sage général doit le mieux connoître, ce sont ses soldats et ses chefs. Car de-là vient ce parfait concert qui fait agir les armées comme un seul corps, ou pour parler avec l'écriture, « comme un « seul homme : (1) » *Egressus est Israel tamquam vir unus.* Pourquoi comme un seul homme? Parce que sous un même chef, qui connoît et les soldats et les chefs comme ses bras et ses mains, tout est également vif et mesuré. C'est ce qui donne la victoire ; et j'ai ouï dire à notre grand Prince qu'à la journée de Nordlingue, ce qui l'assuroit du succès, c'est qu'il connoissoit M. de Turenne, dont l'habileté consommée n'avoit besoin d'aucun ordre pour faire tout ce qu'il falloit. Celui-ci publioit de son côté qu'il agissoit sans inquiétude, parce qu'il connoissoit le Prince et ses ordres toujours sûrs. C'est ainsi qu'ils se donnoient mutuellement un repos qui les appliquoit chacun tout entier à son action : ainsi finit heureusement la bataille la plus hasar-

(1) Reg. xj. 7.

deuse et la plus disputée qui fut jamais.

Ç'a été dans notre siècle un grand spectacle de voir dans le même temps et dans les mêmes campagnes, ces deux hommes que la voix commune de toute l'Europe égaloit aux plus grands capitaines des siècles passés, tantôt à la tête de corps séparés ; tantôt unis, plus encore par le concours des mêmes pensées, que par les ordres que l'inférieur recevoit de l'autre ; tantôt opposés front à front, et redoublant l'un dans l'autre l'activité et la vigilance : comme si Dieu, dont souvent, selon l'écriture, la sagesse se joue dans l'univers, eût voulu nous les montrer en toutes les formes, et nous montrer ensemble tout ce qu'il peut faire des hommes. Que de campemens, que de belles marches, que de hardiesse, que de précautions, que de périls, que de ressources ! Vit-on jamais en deux hommes les mêmes vertus, avec des caractères si divers, pour ne pas dire si contraires ? L'un paroît agir par des réflexions profondes, et l'autre par de soudaines illuminations : celui-ci par conséquent plus vif, mais sans que son feu eût rien de précipité : celui-là d'un air plus froid, sans jamais rien avoir de lent, plus hardi à faire qu'à parler, résolu et déterminé au-dedans, lors même qu'il paroissoit embarrassé au-dehors. L'un, dès qu'il parut dans les armées, donne une haute idée de sa valeur, et fait attendre quelque chose d'extraordinaire ; mais toutefois s'avance par ordre, et vient comme par degrés aux prodiges qui ont fini le cours de sa vie : l'autre, comme un homme inspiré, dès sa première bataille s'égale aux maîtres les plus consommés. L'un par de vifs et continuels efforts, emporte l'admiration du genre humain, et fait taire l'envie : l'autre jette d'abord une si vive lumière, qu'elle n'osoit l'attaquer. L'un enfin, par la profondeur de son génie et les incroyables ressources de son courage, s'élève au-dessus des plus grands périls, et sait même profiter de toutes les infidélités de la fortune : l'autre, et par l'avantage d'une si haute naissance, et par ces grandes pensées que le ciel envoie, et par une espèce d'instinct admirable dont les hommes ne connoissent pas le secret, semble né pour entraîner la fortune dans ses desseins, et forcer les destinées. Et afin que l'on vît toujours dans ces deux hommes de grands caractères, mais divers, l'un emporté d'un coup soudain, meurt pour son pays, comme un Judas le Machabée ; l'armée le pleure comme son père, et la cour et tout le peuple gémit ; sa piété est louée comme son courage, et sa mémoire ne se flétrit point par le temps : l'autre élevé par les armes au comble de la gloire comme un David, comme lui meurt dans son lit en publiant les louanges de Dieu, et instruisant sa famille, et laisse tous les cœurs remplis tant de l'éclat de sa vie que de la douceur de sa mort. Quel spectacle de voir et d'étudier ces deux hommes, et d'apprendre de chacun d'eux toute l'estime que méritoit l'autre ! C'est ce qu'a vu notre siècle : et ce qui est encore plus grand, il a vu un roi se servir de ces deux grands chefs, et profiter du secours du ciel ; et après qu'il en est privé par la mort de l'un et les maladies de l'autre, concevoir de plus grands desseins, exécuter de plus grandes choses, s'élever au-dessus de lui-même, surpasser et l'espérance des siens, et l'attente de l'univers : tant est haut son courage, tant est vaste son intelligence, tant ses destinées sont glorieuses.

Voilà, messieurs, les spectacles que Dieu donne à l'univers ; et les hommes qu'il y envoie quand il y veut faire éclater, tantôt dans une nation, tantôt dans une autre, selon ses conseils éternels, sa puissance ou sa sagesse ; car ses divins attributs paroissent-ils mieux dans les cieux qu'il a formés de ses doigts, que dans ces rares talens qu'il distribue comme il lui plaît aux hommes extraordinaires ? Quel astre brille davantage dans le firmament, que le prince de Condé n'a fait dans l'Europe ? Ce n'étoit pas seulement la guerre qui lui donnoit de l'éclat : son grand génie embrassoit tout ; l'antique comme le moderne, l'histoire, la philosophie, la théologie la plus sublime, et les arts avec les sciences. Il n'y avoit livre qu'il ne lût : il n'y avoit homme excellent, ou dans quelque spéculation, ou dans quelque ouvrage, qu'il n'entretînt : tous sortoient plus éclairés d'avec lui, et rectifioient leurs pensées, ou par ses pénétrantes questions, ou par ses réflexions judicieuses. Aussi sa conversation étoit un charme, parce qu'il savoit parler à chacun selon ses talens ; et non-seulement aux gens de guerre de leurs entreprises, aux courtisans de leurs intérêts, aux politiques de leurs négociations, mais encore aux voyageurs curieux de ce qu'ils avoient découvert, ou dans la nature, ou dans le gouvernement, ou dans le commerce ; à l'artisan de ses inventions ; et enfin aux savans de toutes les sortes, de ce qu'ils avoient trouvé de plus merveilleux. C'est de Dieu que viennent ces dons : qui en doute ? Ces dons sont admirables : qui ne le voit pas ? Mais pour confondre l'esprit humain qui s'enorgueillit de tels dons, Dieu ne craint point d'en faire part à ses ennemis. S. Augustin considère parmi les païens tant de sages, tant de conquérans, tant de graves législateurs, tant d'excellens citoyens, un Socrate, un Marc-Aurèle, un Scipion, un César, un Alexandre, tous privés de la connoissance de Dieu, et exclus de son royaume éternel. N'est-ce donc pas Dieu qui les a faits ? Mais quel autre les pouvoit faire, si ce n'est celui qui fait tout dans le ciel et dans la terre ? Mais pourquoi les a-t-il faits ? et quels étoient les desseins particuliers de cette sagesse profonde, qui jamais ne fait rien en vain ? Écoutez la réponse de S. Augustin. « (1) Il « les a faits, » nous dit-il, « pour orner le « siècle présent. » *Ut ordinem sæculi præsentis ornaret.* Il a fait dans les grands hommes ces rares qualités, comme il a

(1) CONT. Julian, l. v. n. 14.

fait le soleil. Qui n'admire ce bel astre ? qui n'est ravi de l'éclat de son midi, et de la superbe parure de son lever et de son coucher ? Mais puisque Dieu le fait luire sur les bons et sur les mauvais, ce n'est pas un si bel objet qui nous rend heureux : Dieu l'a fait pour embellir et pour éclairer ce grand théâtre du monde. De même quand il a fait dans ses ennemis aussi bien que dans ses serviteurs, ces belles lumières d'esprit, ces rayons de son intelligence, ces images de sa bonté : ce n'est pas pour les rendre heureux qu'il leur a fait ces riches présens ; c'est une décoration de l'univers, c'est un ornement du siècle présent. Et voyez la malheureuse destinée de ces hommes qu'il a choisis pour être les ornemens de leur siècle. Qu'ont-ils voulu ces hommes rares, sinon des louanges et la gloire que les hommes donnent ? Peut-être que pour les confondre, Dieu refusera cette gloire à leurs vains desirs ? Non, il les confond mieux en la leur donnant, et même au-delà de leur attente. Cet Alexandre qui ne vouloit que faire du bruit dans le monde, y en a fait plus qu'il n'auroit osé espérer. Il faut encore qu'il se trouve dans tous nos panégyriques ; et il semble par une espèce de fatalité glorieuse à ce conquérant, qu'aucun prince ne puisse recevoir de louanges qu'il ne les partage. S'il a fallu quelque récompense à ces grandes actions des Romains, Dieu leur en a su trouver une convenable à leurs mérites comme à leurs desirs. Il leur donne pour récompense l'empire du monde, comme un présent de nul prix. O rois, confondez-vous dans votre grandeur : conquérans, ne vantez pas vos victoires. Il leur donne pour récompense la gloire des hommes : récompense qui ne vient pas jusqu'à eux, qui s'efforce de s'attacher, quoi ? peut-être à leurs médailles ou à leurs statues déterrées, restes des ans et des barbares ; aux ruines de leurs monumens et de leurs ouvrages qui disputent avec le temps ; ou plutôt à leur idée, à leur ombre, à ce qu'on appelle leur nom. Voilà le digne prix de tant de travaux, et dans le comble de leurs vœux la conviction de leur erreur. Venez, rassasiez-vous, grands de la terre : saisissez-vous, si vous pouvez, de ce fantôme de gloire, à l'exemple de ces grands hommes que vous admirez. Dieu qui punit leur orgueil dans les enfers, ne leur a pas envié, dit S. Augustin, cette gloire tant desirée;

et « (1) vains ils ont reçu une récompense « aussi vaine que leurs desirs. » *Receperunt mercedem suam, vani vanam.*

Il n'en sera pas ainsi de notre grand Prince : l'heure de Dieu est venue, heure attendue, heure desirée, heure de miséricorde et de grace. Sans être averti par la maladie, sans être pressé par le temps, il exécute ce qu'il méditoit. Un sage religieux qu'il appelle exprès, règle les affaires de sa conscience : il obéit, humble chrétien, à sa décision ; et nul n'a jamais douté de sa bonne foi. Dès-lors aussi on le vit toujours sérieusement occupé du soin de se vaincre soi-même, de rendre vaines toutes les attaques de ses insupportables douleurs, d'en faire par sa soumission un continuel sacrifice. Dieu qu'il invoquoit avec foi, lui donna le goût de son écriture, et dans ce livre divin, la solide nourriture de la piété. Ses conseils se régloient plus que jamais par la justice : on y soulageoit la veuve et l'orphelin, et le pauvre en approchoit avec confiance. Sérieux autant qu'agréable père de famille, dans les douceurs qu'il goûtoit avec ses enfans, il ne cessoit de leur inspirer les sentimens de la véritable vertu ;

(1) In psalm. cxviij. Serm. xij. n. 2.

et ce jeune Prince son petit-fils se sentira éternellement d'avoir été cultivé par de telles mains. Toute sa maison profitoit de son exemple. Plusieurs de ses domestiques avoient été malheureusement nourris dans l'erreur que la France toléroit alors : combien de fois l'a-t-on vu inquiété de leur salut, affligé de leur résistance, consolé par leur conversion ? Avec quelle incomparable netteté d'esprit leur faisoit-il voir l'antiquité et la vérité de la religion catholique ? Ce n'étoit plus cet ardent vainqueur qui sembloit vouloir tout emporter : c'étoit une douceur, une patience, une charité qui songeoit à gagner les cœurs, et à guérir des esprits malades. Ce sont, messieurs, ces choses simples, gouverner sa famille, édifier ses domestiques, faire justice et miséricorde, accomplir le bien que Dieu veut, et souffrir les maux qu'il envoie ; ce sont ces communes pratiques de la vie chrétienne que Jésus-Christ louera au dernier jour devant ses saints anges, et devant son père céleste. Les histoires seront abolies avec les empires, et il ne se parlera plus de tous ces faits éclatans dont elles sont pleines. Pendant qu'il passoit sa vie dans ces occupations, et qu'il portoit au-dessus de ses actions les plus renommées la gloire d'une si belle et si pieuse retraite, la nouvelle de la maladie de la duchesse de Bourbon vint à Chantilly comme un coup de foudre. Qui ne fut frappé de voir éteindre cette lumière naissante ? On appréhenda qu'elle n'eût le sort des choses avancées. Quels furent les sentimens du prince de Condé, lorsqu'il se vit menacé de perdre ce nouveau lien de sa famille avec la personne du roi ? C'est donc dans cette occasion que devoit mourir ce héros ! Celui que tant de siéges et tant de batailles n'ont pu emporter, va périr par sa tendresse ! Pénétré de toutes les inquiétudes que donne un mal affreux, son cœur qui le soutient seul depuis si long-temps, achève à ce coup de l'accabler : les forces qu'il lui fait trouver, l'épuisent. S'il oublie toute sa foiblesse à la vue du roi qui approche de la princesse malade ; si, transporté de son zèle, et sans avoir besoin de secours à cette fois, il accourt pour l'avertir de tous les périls que ce grand roi ne craignoit pas, et qu'il l'empêche enfin d'avancer, il va tomber évanoui à quatre pas ; et on admire cette nouvelle manière de s'exposer pour son roi. Quoique la duchesse d'Anguien, princesse dont la vertu ne craignit jamais que de manquer à sa famille et à ses devoirs, eût obtenu de demeurer auprès de lui pour le soulager, la vigilance de cette princesse ne calme pas les soins qui le travaillent; et après que la jeune princesse est hors de péril, la maladie du roi va bien causer d'autres troubles à notre Prince. Puis-je ne m'arrêter pas en cet endroit? A voir la sérénité qui reluisoit sur ce front auguste, eût-on soupçonné que ce grand roi, en retournant à Versailles, allât s'exposer à ces cruelles douleurs où l'univers a connu sa piété, sa constance, et tout l'amour de ses peuples? De quels yeux le regardions-nous lorsqu'aux dépens d'une santé qui nous est si chère, il vouloit bien adoucir nos cruelles inquiétudes par la consolation de le voir; et que, maître de sa douleur comme de tout le reste des choses, nous le voyions tous les jours non-seulement régler ses affaires selon sa coutume, mais encore entretenir sa cour attendrie, avec la même tranquillité qu'il lui fait paroître dans ses jardins enchantés! Béni soit-il de Dieu et des hommes, d'unir ainsi toujours la bonté à toutes les autres qualités que nous admirons! Parmi toutes ses douleurs il s'informoit avec soin de l'état du prince de Condé ; et il marquoit pour la santé de ce prince une inquiétude qu'il n'avoit pas pour la sienne. Il s'affoiblissoit ce grand prince, mais la mort cachoit ses approches. Lorsqu'on le crut en meilleur état, et que le duc d'Anguien, toujours partagé entre les devoirs de fils et de sujet, étoit retourné par son ordre auprès du roi, tout change en un moment, et on déclare au prince sa mort prochaine. Chrétiens, soyez attentifs, et venez apprendre à mourir, ou plutôt venez apprendre à n'attendre pas la dernière heure pour commencer à bien vivre. Quoi! attendre à commencer une vie nouvelle, lorsqu'entre les mains de la mort, glacés sous ses froides mains, vous ne saurez si vous êtes avec les morts ou encore avec les vivans! Ah! prévenez par la pénitence cette heure de troubles et de ténèbres. Par-là, sans être étonné de cette dernière sentence qu'on lui prononça, le prince demeure un moment dans le silence ; et tout-à-coup : « O mon Dieu ! » dit-il, « vous le voulez, votre volonté « soit faite : je me jette entre vos bras ; « donnez-moi la grace de bien mourir. »

Que desirez-vous davantage ? Dans cette courte prière, vous voyez la soumission aux ordres de Dieu, l'abandon à sa Providence, la confiance en sa grace, et toute la piété. Dès-lors aussi, tel qu'on l'avoit vu dans tous ses combats, résolu, paisible, occupé sans inquiétude de ce qu'il falloit faire pour les soutenir, tel fut-il à ce dernier choc ; et la mort ne lui parut pas plus affreuse, pâle et languissante, que lorsqu'elle se présente au milieu du feu sous l'éclat de la victoire qu'elle montre seule. Pendant que les sanglots éclatoient de toutes parts, comme si un autre que lui en eût été le sujet, il continuoit à donner ses ordres ; et s'il défendoit les pleurs, ce n'étoit pas comme un objet dont il fût troublé, mais comme un empêchement qui le retardoit. A ce moment, il étend ses soins jusqu'aux moindres de ses domestiques. Avec une libéralité digne de sa naissance et de leurs services, il les laisse comblés de ses dons, mais encore plus honorés des marques de son souvenir. Comme il donnoit des ordres particuliers et de la plus haute importance, puisqu'il y alloit de sa conscience et de son salut éternel, averti qu'il falloit écrire et ordonner dans les formes : quand je devrois, Monseigneur, renouveler vos douleurs, et rouvrir toutes les plaies de votre cœur, je ne tairai pas ces paroles qu'il répéta si souvent : qu'il vous connoissoit ; qu'il n'y avoit sans formalités qu'à vous dire ses intentions; que vous iriez encore au-delà, et suppléeriez de vous-même à tout ce qu'il pourroit avoir oublié. Qu'un père vous ait aimé, je ne m'en étonne pas ; c'est un sentiment que la nature inspire ; mais qu'un père si éclairé vous ait témoigné cette confiance jusqu'au dernier soupir ; qu'il se soit reposé sur vous de choses si importantes, et qu'il meure tranquillement sur cette assurance, c'est le plus beau témoignage que votre vertu pouvoit remporter ; et malgré tout votre mérite, votre Altesse n'aura de moi aujourd'hui que cette louange.

Ce que le Prince commença ensuite pour s'acquitter des devoirs de la religion, mériteroit d'être raconté à toute la terre : non à cause qu'il est remarquable, mais à cause, pour ainsi dire, qu'il ne l'est pas, et qu'un prince si exposé à tout l'univers ne donne rien aux spectateurs. N'attendez donc pas, messieurs, de ces magnifiques paroles qui ne servent qu'à faire connoître, sinon un orgueil caché, du moins les efforts d'une ame agitée, qui combat ou qui dissimule son trouble secret. Le prince de Condé ne sait ce que c'est que de prononcer de ces pompeuses sentences ; et dans la mort comme dans la vie, la vérité fit toujours toute sa grandeur. Sa confession fut humble, pleine de componction et de confiance. Il ne lui fallut pas long-temps pour la préparer : la meilleure préparation pour ces derniers temps, c'est de ne les attendre pas. Mais, messieurs, prêtez l'oreille à ce qui va suivre. A la vue du saint Viatique qu'il avoit tant desiré, voyez comme il s'arrête sur ce doux objet. Alors il se souvint des irrévérences, dont, hélas ! on déshonore ce divin mystère. Les chrétiens ne connoissent plus la sainte frayeur dont on étoit saisi autrefois à la vue du sacrifice. On diroit qu'il eût cessé d'être terrible, comme l'appeloient les saints Pères, et que le sang de notre victime n'y coule pas encore aussi véritablement que sur le Calvaire. Loin de trembler devant les autels, on y méprise Jésus-Christ présent ; et dans un temps où tout un royaume se remue pour la conversion des hérétiques, on ne craint point d'en autoriser les blasphêmes. Gens du monde, vous ne pensez pas à ces horribles profanations; à la mort, vous y penserez avec confusion et saisissement. Le Prince se ressouvint de toutes les fautes qu'il avoit commises; et trop foible pour expliquer avec force ce qu'il en sentoit, il emprunta la voix de son confesseur pour en demander pardon au monde, à ses domestiques et à ses amis. On lui répondit par des sanglots : ah! répondez-lui maintenant en profitant de cet exemple. Les autres devoirs de la religion furent accomplis avec la même piété et la même présence d'esprit. Avec quelle foi, et combien de fois pria-t-il le Sauveur des ames, en baisant sa croix, que son sang répandu pour lui ne le fût pas inutilement? C'est ce qui justifie le pécheur; c'est ce qui soutient le juste; c'est ce qui rassure le chrétien. Que dirai-je des saintes prières des agonisans, où, dans les efforts que fait l'Église, on entend ses vœux les plus empressés, et comme les derniers cris par où cette sainte mère achève de nous enfanter à la vie céleste? Il se les fit répéter trois fois, et il y trouva toujours de nouvelles consolations. En remerciant

ses médecins : « Voilà , » dit-il, « main-
» tenant mes vrais médecins : » il montroit les ecclésiastiques dont il écoutoit les
avis, dont il continuoit les prières ; les
pseaumes toujours à la bouche, la confiance toujours dans le cœur. S'il se plai-
gnit, c'étoit seulement d'avoir si peu à
souffrir pour expier ses péchés : sensible
jusqu'à la fin à la tendresse des siens, il
ne s'y laissa jamais vaincre ; et au contraire il craignoit toujours de trop donner à la nature. Que dirai-je de ses derniers entretiens avec le duc d'Anguien ?
quelles couleurs assez vives pourroient
vous représenter et la constance du père,
et les extrêmes douleurs du fils ? D'abord
le visage en pleurs, avec plus de sanglots
que de paroles, tantôt la bouche collée
sur ces mains victorieuses, et maintenant
défaillantes, tantôt se jetant entre ces
bras et dans ce sein paternel, il semble
par tant d'efforts vouloir retenir ce cher
objet de ses respects et de ses tendresses.
Les forces lui manquent : il tombe à ses
pieds. Le Prince sans s'émouvoir, lui laisse
reprendre ses esprits : puis appelant la
duchesse sa belle-fille, qu'il voyoit aussi
sans parole et presque sans vie, avec une
tendresse qui n'eut rien de foible, il leur

donne ses derniers ordres où tout respiroit la piété. Il les finit en les bénissant avec cette foi et avec ces vœux que Dieu exauce, et en bénissant avec eux, ainsi qu'un autre Jacob, chacun de leurs enfans en particulier ; et on vit de part et d'autre tout ce qu'on affoiblit en le répétant. Je ne vous oublierai pas, ô Prince ! son cher neveu, et comme son second fils, ni le glorieux témoignage qu'il a rendu constamment à votre mérite, ni ses tendres empressemens, et la lettre qu'il écrivit en mourant pour vous rétablir dans les bonnes graces du roi, le plus cher objet de vos vœux, ni tant de belles qualités qui vous ont fait juger digne d'avoir si vivement occupé les dernières heures d'une si belle vie. Je n'oublierai pas non plus les bontés du roi qui prévinrent les desirs du Prince mourant, ni les généreux soins du duc d'Anguien qui ménagea cette grace, ni le gré que lui sut le Prince d'avoir été si soigneux, en lui donnant cette joie d'obliger un si cher parent. Pendant que son cœur s'épanche, et que sa voix se ranime en louant le roi, le prince de Conti arrive pénétré de reconnoissance et de douleur. Les tendresses se renouvellent : les deux Princes ouïrent ensemble ce qui ne sortira jamais de leur cœur ; et le Prince conclut, en leur confirmant qu'ils ne seroient jamais ni grands hommes, ni grands princes, ni honnêtes gens, qu'autant qu'ils seroient gens de bien, fidèles à Dieu et au roi. C'est la dernière parole qu'il laissa gravée dans leur mémoire ; c'est avec la dernière marque de sa tendresse, l'abrégé de leurs devoirs. Tout retentissoit de cris, tout fondoit en larmes : le Prince seul n'étoit pas ému, et le trouble n'arrivoit pas dans l'asyle où il s'étoit mis. O Dieu ! vous étiez sa force, son inébranlable refuge, et, comme disoit David, ce ferme rocher où s'appuyoit sa constance ! Puis-je taire durant ce temps ce qui se faisoit à la cour et en la présence du roi ? Lorsqu'il y fit lire la dernière lettre que lui écrivit ce grand homme, et qu'on y vit dans les trois temps que marquoit le Prince, ses services qu'il y passoit si légèrement au commencement et à la fin de sa vie, et dans le milieu ses fautes dont il faisoit une si sincère reconnoissance : il n'y eut cœur qui ne s'attendrît à l'entendre parler de lui-même avec tant de modestie ; et cette lecture suivie des larmes du roi, fit voir ce que les héros sentent les uns pour les autres. Mais lorsqu'on vint à l'endroit du remercîment, où le Prince marquoit qu'il mouroit content, et trop heureux d'avoir encore assez de vie pour témoigner au roi sa reconnoissance, son dévouement, et s'il l'osoit dire, sa tendresse : tout le monde rendit témoignage à la vérité de ses sentimens ; et ceux qui l'avoient ouï parler si souvent de ce grand roi dans ses entretiens familiers, pouvoient assurer que jamais ils n'avoient rien entendu ni de plus respectueux et de plus tendre pour sa personne sacrée, ni de plus fort pour célébrer ses vertus royales, sa piété, son courage, son grand génie, principalement à la guerre, que ce qu'en disoit ce grand Prince avec aussi peu d'exagération que de flatterie. Pendant qu'on lui rendoit ce beau témoignage, ce grand homme n'étoit plus. Tranquille entre les bras de son Dieu où il s'étoit une fois jeté, il attendoit sa miséricorde et imploroit son secours, jusqu'à ce qu'il cessa enfin de respirer et de vivre. C'est ici qu'il faudroit laisser éclater ses justes douleurs à la perte d'un si grand homme ; mais pour l'amour de la vérité et à la honte de ceux qui la méconnoissent, écoutez encore ce beau témoignage qu'il lui rendit en mourant. Averti par son confesseur que si notre cœur n'étoit pas encore entièrement selon Dieu, il falloit, en s'adressant à Dieu même, obtenir qu'il nous fît un cœur comme il le vouloit, et lui dire avec David ces tendres paroles : « (1) O Dieu ! « créez en moi un cœur pur : » à ces mots, le Prince s'arrête comme occupé de quelque grande pensée ; puis appelant le saint religieux qui lui avoit inspiré ce beau sentiment : « Je n'ai jamais douté, » dit-il, « des mystères de la religion, quoi qu'on « ait dit. » Chrétiens, vous l'en devez croire ; et dans l'état où il est, il ne doit plus rien au monde que la vérité. « Mais, » poursuivit-il, « j'en doute moins que ja- « mais. Que ces vérités, » continuoit-il avec une douceur ravissante, « se démê- « lent et s'éclaircissent dans mon esprit ! « Oui, » dit-il, « nous verrons Dieu com- « me il est face à face. » Il répétoit en latin avec un goût merveilleux ces grands mots : (2) *Sicuti est, facie ad faciem*, et on ne se lassoit point de le voir dans ce doux transport. Que se faisoit-il dans cette ame ? Quelle nouvelle lumière lui appa-

(1) Cor mundum crea in me, Deus. Ps. I. v. 12.
(2) I Joan. iij. 2. — I. Cor. xiij. 12.

roissoit? Quel soudain rayon perçoit la nue, et faisoit comme évanouir, en ce moment, avec toutes les ignorances des sens, les ténèbres mêmes, si je l'ose dire, et les saintes obscurités de la foi? Que devinrent alors ces beaux titres dont notre orgueil est flatté? Dans l'approche d'un si beau jour, et dès la première atteinte d'une si vive lumière, combien promptement disparoissent tous les fantômes du monde! Que l'éclat de la plus belle victoire paroît sombre! qu'on en méprise la gloire, et qu'on veut de mal à ces foibles yeux qui s'y sont laissé éblouir! Venez, peuple, venez maintenant; mais venez plutôt, princes et seigneurs; et vous qui jugez la terre, et vous qui ouvrez aux hommes les portes du ciel; et vous, plus que tous les autres, princes et princesses, nobles rejetons de tant de rois, lumières de la France, mais aujourd'hui obscurcies et couvertes de votre douleur comme d'un nuage; venez voir le peu qui nous reste d'une si auguste naissance, de tant de grandeur, de tant de gloire. Jetez les yeux de toutes parts: voilà tout ce qu'a pu faire la magnificence et la piété pour honorer un héros; des titres, des inscriptions, vaines marques de ce qui n'est plus ; des figures qui semblent pleurer autour d'un tombeau, et des fragiles images d'une douleur que le temps emporte avec tout le reste ; des colonnes qui semblent vouloir porter jusqu'au ciel le magnifique témoignage de notre néant ; et rien enfin ne manque dans tous ces honneurs, que celui à qui on les rend. Pleurez donc sur ces foibles restes de la vie humaine, pleurez sur cette triste immortalité que nous donnons aux héros. Mais approchez en particulier, ô vous qui courez avec tant d'ardeur dans la carrière de la gloire, ames guerrières et intrépides. Quel autre fut plus digne de vous commander ? Mais dans quel autre avez-vous trouvé le commandement plus honnête ? Pleurez donc ce grand capitaine, et dites en gémissant : Voilà celui qui nous menoit dans les hasards ; sous lui se sont formés tant de renommés capitaines que ses exemples ont élevés aux premiers honneurs de la guerre : son ombre eût pu encore gagner des batailles ; et voilà que dans son silence son nom même nous anime, et ensemble il nous avertit que pour trouver à la mort quelque reste de nos travaux, et n'arriver pas sans ressource à notre éternelle demeure, avec le roi de la terre, il faut encore servir le roi du ciel. Servez donc ce roi immortel et si plein de miséricorde, qui vous comptera un soupir et un verre d'eau donné en son nom, plus que tous les autres ne feront jamais tout votre sang répandu ; et commencez à compter le temps de vos utiles services du jour que vous vous serez donnés à un maître si bienfaisant ; et vous, ne viendrez-vous pas à ce triste monument, vous, dis-je, qu'il a bien voulu mettre au rang de ses amis ? Tous ensemble, en quelque degré de sa confiance qu'il vous ait reçus, environnez ce tombeau ; versez des larmes avec des prières, et admirant dans un si grand Prince une amitié si commode et un commerce si doux, conservez le souvenir d'un héros dont la bonté avoit égalé le courage. Ainsi puisse-t-il toujours vous être un cher entretien : ainsi puissiez-vous profiter de ses vertus ; et que sa mort que vous déplorez, vous serve à-la-fois de consolation et d'exemple. Pour moi, s'il m'est permis après tous les autres de venir rendre les derniers devoirs à ce tombeau, ô Prince, le digne sujet de nos louanges et de nos regrets, vous vivrez éternellement dans ma mémoire : votre image y sera tracée, non point avec cette audace qui promettoit la victoire : non, je ne veux rien voir en vous de ce que la mort y efface. Vous aurez dans cette image des traits immortels : je vous y verrai tel que vous étiez à ce dernier jour sous la main de Dieu, lorsque sa gloire sembla commencer à vous apparoître. C'est-là que je vous verrai plus triomphant qu'à Fribourg et à Rocroy ; et ravi d'un si beau triomphe, je dirai en action de graces ces belles paroles du bien-aimé Disciple : *Et hæc est victoria quæ vincit mundum, fides nostra :* « La véritable victoire, celle qui met sous « nos pieds le monde entier, c'est notre « foi. » Jouissez, Prince, de cette victoire, jouissez-en éternellement par l'immortelle vertu de ce sacrifice. Agréez ces derniers efforts d'une voix qui vous fut connue. Vous mettrez fin à tous ces discours. Au lieu de déplorer la mort des autres, grand Prince, dorénavant je veux apprendre de vous à rendre la mienne sainte ; heureux, si, averti par ces cheveux blancs du compte que je dois rendre de mon administration, je réserve au troupeau que je dois nourrir de la parole de vie, les restes d'une voix qui tombe, et d'une ardeur qui s'éteint.

Notice sur Louis de Bourbon, prince de Condé.

Nous présumons les lecteurs déjà instruits de tout ce qui regarde un des hommes illustres qui donnèrent le plus d'éclat au beau siècle de Louis XIV, « car, comme dit notre Orateur, quelle partie du « monde habitable n'a pas ouï les victoires du prince « de Condé ?..... On les raconte par-tout. Le Fran- « çois qui les vante n'apprend rien à l'étranger. » Ce que nous en allons dire ne doit donc être regardé que comme un résumé succinct, destiné uniquement à rappeler à la mémoire des lecteurs une suite de faits qu'en lisant l'Oraison funèbre du Grand Condé, il importe d'avoir tous présens à l'esprit. Nous y ajouterons seulement quelques circonstances peu connues et relatives à certains passages de cette Oraison funèbre, la dernière que Bossuet ait prononcée, et sans contredit la plus belle. Ce qui doit d'autant moins étonner, que de tous les personnages dont il a fait les Oraisons funèbres, celui dont nous allons parler est véritablement le seul dont la mémoire mérite de passer à la postérité. Alors seulement, il faut en convenir, Bossuet a pu se sentir réellement inspiré par son sujet.

Louis de Bourbon, fils de Henri de Bourbon, prince de Condé, fut connu d'abord sous le titre de duc d'Anguien, et ne prit celui de prince de Condé qu'après la mort de son père arrivée en 1646. Il naquit le 8 septembre 1621, et élevé sous les yeux de son père avec le plus grand soin, confié à des gouverneurs et instituteurs sages et habiles, il montra de bonne heure des dispositions pour l'étude, et s'y livra avec autant d'application que de succès. Il conserva toute sa vie ce goût honorable ; et dans les intervalles de ses travaux militaires, fit voir constamment que les plaisirs et les exercices de l'esprit n'étoient pas indignes d'un prince et d'un grand capitaine; mais le goût le plus décidé qu'il montra dès ses plus jeunes ans, fut celui des armes. Il n'avoit encore que 19 ans qu'il voulut servir en qualité de volontaire, et se distingua comme tel au siége d'Arras. A cette époque aussi le cardinal de Richelieu, ambitionnant pour sa famille les plus nobles alliances, parvint, malgré la répugnance du duc d'Anguien lui-même, à faire conclure le mariage de celui-ci avec sa nièce, fille du maréchal de Brézé.

Richelieu mourut en 1642, et jusques-là le duc d'Anguien n'avoit encore donné que des marques de valeur en servant en France et en Roussillon, toujours comme volontaire. Mais le cardinal Mazarin, qui succéda à Richelieu, le fit nommer en 1643 pour commander en chef l'armée de Flandre. Le duc d'Anguien s'étoit déjà rendu à sa destination, lorsqu'il apprit la mort de Louis XIII; et loin de se laisser abattre par cette nouvelle, ou d'obéir dans cette circonstance à des vues d'ambition et d'intérêt personnel, il ne songea qu'à l'intérêt public, et à la gloire de sauver la France en la délivrant de ses ennemis. La célèbre et à jamais mémorable bataille de Rocroy fut l'effet de cette disposition, et couvrit de gloire le duc d'Anguien, qui montra dans cette brillante occasion autant de vrai courage que de tranquillité d'esprit. La veille de la bataille, après avoir arrêté son plan, et ordonné tous les préparatifs, il s'étoit endormi profondément; et à la fin de cette fameuse journée, il se mit à genoux sur le champ de bataille, ordonnant à tous les soldats d'en faire autant, et rendit graces à Dieu de la bénédiction qu'il venoit de donner à ses armes.

Les bornes que nous nous sommes prescrites dans cette Notice, ne nous permettent pas de suivre le duc d'Anguien dans les brillantes campagnes de

1644, 1645 et 1646, où il se montra aussi habile dans l'art d'assiéger les villes que dans celui de gagner des batailles. En 1647 héritier des titres et de la fortune de son père, le duc d'Anguien que nous ne nommerons plus que le prince de Condé, partit pour de nouvelles expéditions, et en 1648 gagna sur les Espagnols la célèbre bataille de Lens.

Ce fut à cette malheureuse époque qu'éclatèrent à Paris ces troubles civils qui, jusqu'en 1653, ne cessèrent d'agiter la France. Le prince de Condé fut rappelé promptement à la cour à cette occasion; et quoique déjà lui-même il eût à se plaindre d'elle, et n'eût pas déguisé ses mécontentemens; quoiqu'il fût vivement sollicité d'embrasser le parti des Frondeurs qui se grossissoit chaque jour, il se montra d'abord déterminé à défendre le roi et la reine régente contre toute attaque. Assurés de son appui, le roi, la reine régente et toute la cour sortirent de Paris pour se retirer à Saint-Germain-en-Laye, et le prince de Condé, à la tête de huit mille hommes, fit le blocus de Paris, et força bientôt les Frondeurs à demander la paix; elle fut signée en mars 1649.

Mais la scène bientôt changea entièrement. Le prince de Condé écoutant d'autres intérêts, ou plus facile à séduire, se laissa guider par les conseils du prince de Conti son frère et de la duchesse de Longueville sa sœur, qui, tous deux, se montroient les plus entreprenans et les plus indisposés contre le cardinal. La cour, instruite de ces secrètes menées, songea d'abord à en prévenir l'effet par un coup d'éclat, et le 18 janvier 1650, fit arrêter et conduire au château de Vincennes le prince de Condé, le prince de Conti et le duc de Longueville leur beau-frère. Ce ne fut qu'au bout de 13 mois que, sollicitée par le parlement, la cour se décida à les remettre en liberté: mais le prince de Condé, qui, comme le rapporte Bossuet lui-même, déclara dans la suite au roi « qu'il étoit entré innocent dans la « prison, et qu'il en étoit sorti coupable, » garda dans son cœur un ressentiment profond de cette injure, et ne fut pas long-temps sans le faire éclater. En septembre 1651, il se mit ouvertement à la tête des mécontens, fit un traité avec les ennemis extérieurs, et prit les armes contre son roi. Il arriva jusqu'aux portes de Paris, et après deux ou trois mois passés en attaques partielles et infructueuses, la journée sanglante du faubourg Saint-Antoine, où le prince de Condé et le maréchal de Turenne tant de fois unis et combattant pour la même cause, étoient alors opposés l'un à l'autre, et rivalisoient de valeur et d'habileté, mit fin à ces troubles funestes. Le parti des Frondeurs s'affoiblit insensiblement. Le cardinal Mazarin, qui déjà s'étoit une fois retiré, consentit de nouveau à quitter la cour, et le roi, rentré dans Paris le 21 octobre 1652, publia une amnistie générale.

Le prince de Condé, trop fidèle à l'espèce de prédiction qu'il avoit faite lorsqu'il embrassa le parti des mécontens, « qu'il tiroit l'épée malgré lui, et « qu'il seroit peut-être le dernier à la remettre dans « le fourreau, » refusa de prendre part à l'amnistie, et se retira en Espagne, où il se vit bientôt à la tête de toutes les forces de cette monarchie; mais il n'en desiroit pas moins ardemment la paix; et malgré la protection puissante de la couronne d'Espagne, il ne vouloit pas que les conditions qu'elle faisoit avec la France pour le faire rétablir dans tous ses droits, retardassent un instant la conclusion de la paix tant desirée. Par une déclaration formelle et signée de lui, il remit tous ses intérêts et tous les dons que le roi d'Espagne vouloit lui faire, au bon plaisir et à la discrétion du roi de France; et Louis XIV, sensible à ce procédé, consentit à le recevoir, et à oublier tout à fait le passé.

Rendu ainsi à sa patrie, nous le verrons dorénavant plus appliqué que jamais à se signaler par de nouveaux services. En Flandre, en Hollande, en Allemagne il combattit, et cueillit de nouveaux lauriers jusqu'en 1675 qu'il cessa d'avoir le commandement. Depuis il n'en reçut aucun autre, soit à cause des incommodités auxquelles il commençoit à devenir sujet, soit pour d'autres motifs faciles à pénétrer. Il resta cependant à la cour, mais sans avoir presque aucune part aux affaires. Enfin, la paix de Nimègue, conclue en 1679, lui fournit une occasion de demander au roi la permission de se retirer. Il vint se fixer à Chantilly. Ce fut dans cette magnifique retraite qu'il passa ses dernières années, livré sans distraction à des goûts paisibles, et partageant son temps entre la lecture, la société des gens instruits et des savans en tout genre dont il s'entouroit, et sur-tout la pratique scrupuleuse et sévère de tous les exercices de sa religion, pour la gloire et le maintien de laquelle il se montroit zélé. Vers le milieu de l'année 1686, qui fut la dernière de sa vie, il s'affoiblit d'une manière plus sensible ; mais ayant appris alors que la duchesse de Bourbon sa petite-fille étoit attaquée de la petite vérole à Fontainebleau, il partit sur-le-champ pour se rendre auprès d'elle, et là, donna au roi une nouvelle marque d'attachement et de zèle, lorsque s'opposant respectueusement à son passage, il l'empêcha d'entrer dans la chambre de la Princesse.

Il étoit encore à Fontainebleau quand lui-même tomba malade. Ses maux augmentant chaque jour, il prévit dès-lors sa fin prochaine, et s'y prépara avec courage et tranquillité. Il donna en cette occasion des marques d'une foi et d'une piété ferventes ; mit ordre à toutes les affaires de sa maison, et avant de mourir eut encore le bonheur de contribuer à faire rentrer dans les bonnes graces du roi le prince de Conti son neveu qui étoit exilé à Chantilly. Depuis son retour en France il n'avoit cessé de faire preuve de fidélité et d'attachement au roi; et par une lettre qu'il lui écrivit dans ses derniers momens, il l'assura encore des mêmes sentimens. Il mourut dans les bras de son fils et de son neveu, le duc d'Anguien et le prince de Conti, le 11 décembre 1686, âgé de 65 ans.

ORAISON FUNÈBRE

DU

RÉVÉREND PÈRE BOURGOING,

Supérieur général de la Congrégation
de l'Oratoire.

Qui bene præsunt presbyteri, duplici honore
digni habeantur.

Les prêtres qui gouvernent sagement, doivent
être tenus dignes d'un double honneur.
1. Tim. v. 17.

Je commencerai ce discours en faisant au Dieu vivant des remercîmens solennels, de ce que la vie de celui dont je dois prononcer l'éloge, a été telle par sa grace, que je ne rougirai point de la célébrer en présence de ses saints autels et au milieu de son Église. Je vous avoue, chrétiens, que j'ai coutume de plaindre les prédicateurs, lorsqu'ils font les panégyriques funèbres des princes et des grands du monde. Ce n'est pas que de tels sujets ne fournissent ordinairement de nobles idées : il est beau de découvrir les secrets d'une sublime politique, ou les sages tempéramens d'une négociation importante, ou les succès glorieux de quelque entreprise militaire. L'éclat de telles actions semble illuminer un discours ; et le bruit qu'elles font déjà dans le monde, aide celui qui parle à se faire entendre d'un ton plus ferme et plus magnifique. Mais la licence et l'ambition, compagnes presque inséparables des grandes fortunes ; mais l'intérêt et l'injustice, toujours mêlés trop avant dans les grandes affaires du monde, font qu'on marche parmi des écueils ; et il arrive ordinairement que Dieu a si peu de part dans de telles vies, qu'on a peine à y trouver quelques actions qui méritent d'être louées par ses ministres.

Graces à la miséricorde divine, le Rév. P. BOURGOING, supérieur général de la Congrégation de l'Oratoire, a vécu de telle sorte que je n'ai point à craindre aujourd'hui de pareilles difficultés. Pour orner une telle vie, je n'ai pas besoin d'emprunter les fausses couleurs de la rhétorique, et encore moins les détours de la flatterie. Ce n'est pas ici de ces discours où l'on ne parle qu'en tremblant, où il faut plutôt passer avec adresse, que s'arrêter avec assurance, où la prudence et la discrétion tiennent toujours en contrainte l'amour de la vérité. Je n'ai rien ni à taire ni à déguiser ; et si la simplicité vénérable d'un prêtre de Jésus-Christ, ennemie du faste et de l'éclat, ne présente pas à nos yeux de ces actions pompeuses qui éblouissent les hommes, son zèle, son innocence, sa piété éminente nous donneront des pensées plus dignes de cette chaire. Les autels ne se plaindront pas que leur sacrifice soit interrompu par un entretien profane : au contraire, celui que j'ai à vous faire vous proposera de si saints exemples, qu'il méritera de faire partie d'une cérémonie si sacrée, et qu'il ne sera pas une interruption, mais plutôt une continuation du mystère.

N'attendez donc pas, chrétiens, que j'applique au P. Bourgoing des ornemens étrangers, ni que j'aille rechercher bien loin sa noblesse dans sa naissance, sa gloire dans ses ancêtres, ses titres dans l'antiquité de sa famille ; car encore qu'elle soit noble et ancienne dans le Nivernois, où elle s'est même signalée depuis plusieurs siècles par des fondations pieuses ; encore que la grand'chambre du parlement de Paris, et les autres compagnies souveraines aient vu les Bourgoing, les Leclerc, les Friche, ses parens paternels et maternels, rendre la justice aux peuples avec une intégrité exemplaire, je ne m'arrête pas à ces choses, et je ne les touche qu'en passant. Vous verrez le P. Bourgoing, illustre d'une autre manière, et noble de cette noblesse que S. Grégoire (1) de Nazianze appelle si élégamment la noblesse personnelle : vous verrez en sa personne un catholique zélé, un chrétien de l'ancienne marque, un théologien enseigné de Dieu, un prédicateur apostolique, ministre, non de la lettre, mais de l'esprit de l'Évangile ; et, pour tout dire en un mot, un prêtre digne de ce nom, un prêtre de l'institution et selon l'ordre de Jésus-Christ, toujours prêt à être victime ; un prêtre, non-seulement prêtre, mais chef par son mérite d'une congrégation de saints prêtres, et que je vous ferai voir par cette raison, « (2) digne « véritablement d'un double honneur, »

(1) Orat. xxviij. tom. 1, pag. 480.
(2) 1. Tim. v. 17.

selon le précepte de l'apôtre, et pour avoir vécu saintement en l'esprit du sacerdoce, et pour avoir élevé dans le même esprit la sainte congrégation qui étoit commise à ses soins : c'est ce que je me propose de vous expliquer dans les deux points de ce discours.

PREMIER POINT.

Suivons la conduite de l'esprit de Dieu; et avant que de voir un prêtre à l'autel, voyons comme il se prépare à en approcher. La préparation pour le sacerdoce n'est pas, comme plusieurs pensent, une application de quelques jours, mais une étude de toute la vie ; ce n'est pas un soudain effort de l'esprit pour se retirer du vice, mais une longue habitude de s'en abstenir ; ce n'est pas une dévotion fervente, seulement par sa nouveauté, mais affermie et enracinée par un grand usage. S. Grégoire de Nazianze a dit ce beau mot du grand S. Basile : « (1) Il étoit prêtre, » dit-il, avant même que d'être prêtre, » c'est-à-dire, si je ne me trompe, il en avoit les vertus, avant que d'en avoir le degré : il étoit prêtre par son zèle, par la

(1) Orat. xx. tom. 1, pag. 325,

gravité de ses mœurs, par l'innocence de sa vie, avant que de l'être par son caractère. Je puis dire la même chose du P. Bourgoing : toujours modeste, toujours innocent, toujours zélé comme un saint prêtre, il avoit prévenu son ordination; il n'avoit pas attendu la consécration mystique, il s'étoit, dès son enfance, consacré lui-même par la pratique persévérante de la piété; et se tenant toujours sous la main de Dieu par la soumission à ses ordres, il se préparoit excellemment à s'y abandonner tout-à-fait par l'imposition des mains de l'évêque. Ainsi son innocence l'ayant disposé à recevoir la plénitude du Saint-Esprit par l'ordination sacrée, il aspiroit sans cesse à la perfection du sacerdoce; et il ne faut pas s'étonner si, ayant l'esprit tout rempli des obligations de son ministère, il entra sans délibérer dans le dessein glorieux de l'Oratoire de Jésus, aussi-tôt qu'il vit paroître cette institution, qui avoit pour son fondement le desir de la perfection sacerdotale.

L'école de théologie de Paris, que je ne puis nommer sans éloge, quoique j'en doive parler avec modestie, est de tout temps en possession de donner des hommes illustres à toutes les grandes entreprises qui se font pour Dieu. Le P. Bourgoing étoit sur ses bancs, faisant retentir toute la Sorbonne du bruit de son esprit et de sa science. Que vous dirai-je, messieurs, qui soit digne de ses mérites ? ce qu'on a dit de S. Athanase ; car les grands hommes sont sans envie, et ils prêtent toujours volontiers les éloges qu'on leur a donnés à ceux qui se rendent leurs imitateurs. Je dirai donc du P. Bourgoing, ce qu'un saint a dit d'un saint, le grand Grégoire (1) du grand Athanase, que durant le temps de ses études il se faisoit admirer de ses compagnons ; qu'il surpassoit de bien loin ceux qui étoient ingénieux par son travail ; ceux qui étoient laborieux par son esprit, ou bien, si vous le voulez, qu'il surpassoit en esprit les plus éclairés, en diligence les plus assidus ; enfin en l'un et en l'autre ceux qui excelloient en l'un et en l'autre.

En ce temps, Pierre de Berulle, homme vraiment illustre et recommandable, à la dignité duquel j'ose dire que même la pourpre romaine n'a rien ajouté, tant il étoit déjà relevé par le mérite de sa vertu

(1) S. Greg. Naz. Orat. xxj. t. 1, pag. 375.

et de sa science, commençoit à faire luire à toute l'Église Gallicane les lumières les plus pures et les plus sublimes du sacerdoce chrétien, et de la vie ecclésiastique. Son amour immense pour l'église lui inspira le dessein de former une compagnie à laquelle il n'a point voulu donner d'autre esprit que l'esprit même de l'église, ni d'autres règles que ses canons, ni d'autres supérieurs que ses évêques, ni d'autres biens que sa charité, ni d'autres vœux solennels que ceux du baptême et du sacerdoce. Là une sainte liberté fait un saint engagement ; on obéit sans dépendre ; on gouverne sans commander ; toute l'autorité est dans la douceur, et le respect s'entretient sans le secours de la crainte. La charité qui bannit la crainte, opère un si grand miracle ; et sans autre joug qu'elle-même, elle sait non-seulement captiver, mais encore anéantir la volonté propre. Là, pour former de vrais prêtres, on les mène à la source de la vérité : ils (1) ont toujours en main les saints livres pour en chercher sans relâche la lettre par l'étude, l'esprit par l'oraison, la profondeur par la retraite, l'efficace par la pratique, la fin

(1) Doivent toujours avoir.

par la charité à laquelle tout se termine, et « qui est l'unique trésor du christianis- « me, » *christiani nominis thesaurus*, (1) comme parle Tertullien.

Tel est à-peu-près, messieurs, l'esprit des prêtres de l'Oratoire; et je pourrois en dire beaucoup davantage, si je ne voulois épargner la modestie de ces Pères. Sainte Congrégation, le P. BOURGOING a besoin de vous pour acquérir la perfection du sacerdoce, après laquelle il soupire; mais je ne crains point d'assurer que vous aviez besoin de lui réciproquement, pour établir vos maximes et vos exercices; et en effet, chrétiens, cette vénérable compagnie est commencée entre ses mains : il en est un des quatre premiers avec lesquels son instituteur en a posé les fondemens ; c'est lui-même qui l'a étendue dans les principales villes de ce royaume. Que dis-je, de ce royaume? Nos voisins lui tendent les bras ; les évêques des Pays-Bas l'appellent ; et ces provinces florissantes lui doivent l'établissement de tant de maisons qui ont consolé leurs pauvres, humilié leurs riches, instruit leurs peuples, sanctifié leurs prêtres, et

(1) De Patien. n. 12, pag. 167.

répandu bien loin aux environs la bonne odeur de l'évangile.

La grande part qu'il a eue à fonder une institution si véritablement ecclésiastique, vous doit faire voir, chrétiens, combien ce grand homme étoit animé de l'esprit de l'église et du sacerdoce. Mais venons aux exercices particuliers. Les ministres de Jésus-Christ ont deux principales fonctions : ils doivent parler à Dieu, ils doivent parler aux peuples ; parler à Dieu par l'oraison, parler aux peuples fidèles par la prédication de l'évangile. Ces deux fonctions sont unies, et il est aisé de les remarquer dans cette parole des saints apôtres : « Pour nous, di-« sent-ils dans les actes, nous demeure-« rons appliqués à l'oraison et au minis-« tère de la parole : » *Nos vero orationi et ministerio verbi instantes erimus.* (1) Prêtres, qui êtes les anges du Dieu des armées, vous devez sans cesse monter et descendre, comme les anges que vit Jacob (2) dans cette échelle mystique. Vous montez de la terre au ciel, lorsque vous unissez vos esprits à Dieu par le moyen de l'oraison ; vous descendez du ciel en la

(1) Act. vj. 4.
(2) Gen. xxviij. 12.

terre, lorsque vous portez aux hommes ses ordres et sa parole. Montez donc et descendez sans cesse, c'est-à-dire, priez et prêchez : parlez à Dieu, parlez aux hommes ; allez premièrement recevoir, et puis venez répandre les lumières; allez puiser dans la source, après venez arroser la terre, et faire germer le fruit de vie.

Voulez-vous voir, chrétiens, quel étoit l'esprit d'oraison de ce fidèle serviteur de Dieu ? lisez ses méditations toutes pleines de lumières et de grace. Elles sont entre les mains de tout le monde, des religieux, des séculiers, des prédicateurs, des contemplatifs, des simples et des savans : tant il a été saintement et charitablement industrieux à présenter, tout ensemble, le pain aux forts, le lait aux enfans ; et dans ce pain et dans ce lait le même Jésus-Christ à tous.

Je ne m'étonne donc plus s'il prêchoit si saintement au peuple fidèle le mystère de Jésus-Christ qu'il avoit si bien médité. O Dieu vivant et éternel, quel zèle ! quelle onction ! quelle douceur ! quelle force ! quelle simplicité et quelle éloquence ! O qu'il étoit éloigné de ces prédicateurs infidèles, qui ravissent leur dignité jusqu'à faire servir au desir de plaire le ministère d'instruire ; qui ne rougissent pas d'acheter des acclamations par des instructions ; des paroles de flatterie par la parole de vérité ; des louanges, vains alimens d'un esprit léger, par la nourriture solide et substantielle que Dieu a préparée à ses enfans ! Quel désordre ! quelle indignité ! Est-ce ainsi qu'on fait parler Jésus-Christ ? Savez-vous, ô prédicateurs, que ce divin conquérant veut régner sur les cœurs par votre parole ? Mais ces cœurs sont retranchés contre lui ; et pour les abattre à ses pieds, pour les forcer invinciblement au milieu de leurs défenses, que ne faut-il pas entreprendre ? quels obstacles ne faut-il pas surmonter ? Écoutez l'apôtre S. Paul : « Il « faut renverser les remparts des mau- « vaises habitudes, il faut détruire les « conseils profonds d'une malice invété- « rée, il faut abattre toutes les hauteurs « qu'un orgueil indompté et opiniâtre « élève contre la science de Dieu, il faut « captiver tout entendement sous l'obéis- « sance de la foi. » *Ad destructionem munitionum, consilia destruentes, et omnem altitudinem extollentem se adversus scientiam Dei, et in captivitatem redigentes om-*

nem intellectum in obsequium Christi. (1)

Que ferez-vous ici, foibles discoureurs? Détruirez-vous ces remparts en jetant des fleurs? Dissiperez-vous ces conseils cachés en chatouillant les oreilles? Croyez-vous que ces superbes hauteurs tombent au bruit de vos périodes mesurées? Et pour captiver les esprits, est-ce assez de les charmer un moment par la surprise d'un plaisir qui passe? Non, non, ne nous trompons pas : pour renverser tant de remparts et vaincre tant de résistance, et nos mouvemens affectés, et nos paroles arrangées, et nos figures artificielles sont des machines trop foibles. Il faut prendre des armes plus puissantes, plus efficaces, celles qu'employoit si heureusement le saint prêtre dont nous parlons.

La parole de l'évangile sortoit de sa bouche, vive, pénétrante, animée, toute pleine d'esprit et de feu. Ses sermons n'étoient pas le fruit de l'étude lente et tardive; mais d'une céleste ferveur, mais d'une prompte et soudaine illumination : c'est pourquoi deux jours lui suffisent pour faire l'Oraison funèbre du grand cardinal de Berulle, avec l'admiration

(1) II. Cor. x. 4.

de ses auditeurs. Il n'en employa pas beaucoup davantage à ce beau panégyrique latin de S. Philippe de Néri; ce prêtre si transporté de l'amour de Dieu, dont le zèle étoit si grand et si vaste, que le monde entier étoit trop petit pour l'étendue de son cœur, pendant que son cœur même étoit trop petit pour l'immensité de son amour.

Mais dois-je m'arrêter ici à deux actions particulières du P. Bourgoing; puisque je sais qu'il a fourni de la même force la carrière de plusieurs Carêmes, dans les chaires les plus illustres de la France et des Pays-Bas; toujours pressant, toujours animé; lumière ardente et luisante, qui ne brilloit que pour échauffer, qui cherchoit le cœur par l'esprit, et ensuite captivoit l'esprit par le cœur? D'où lui venoit cette force? C'est, mes frères, qu'il étoit plein de la doctrine céleste; c'est qu'il s'étoit nourri et rassasié du meilleur suc du christianisme; c'est qu'il faisoit régner dans ses sermons la vérité et la sagesse: l'éloquence suivoit comme la servante, non recherchée avec soin, mais attirée par les choses mêmes. Ainsi « son discours se « répandoit à la manière d'un torrent, et

« s'il trouvoit en son chemin les fleurs de
« l'élocution, il les entraînoit plutôt après
« lui par sa propre impétuosité, qu'il
« ne les cueilloit avec choix pour se pa-
« rer d'un tel ornement : » *Fertur quippe
impetu suo ; et elocutionis pulchritudinem,
si occurrerit, vi rerum rapit, non cura deco-
ris assumit* (1). C'est l'idée de l'éloquence
que donne S. Augustin aux prédicateurs,
et ce qu'a pratiqué celui dont nous honorons ici la mémoire.

Après ces fonctions publiques, il reste-
roit encore, messieurs, de vous faire voir
ce saint homme dans la conduite des
ames, et de vous y faire admirer son zèle,
sa discrétion, son courage et sa patience.
Mais quoique les autres choses que j'ai à
vous dire ne me laissent pas le loisir d'entrer bien avant dans cette matière, je ne
dois pas omettre en ce lieu qu'il a été
long-temps confesseur de feu monseigneur le duc d'Orléans de glorieuse mémoire. C'est une marque de son mérite
d'avoir été appelé à un tel emploi, après
cet illustre Père Charles de Condren,
dont le nom inspire la piété, dont la mémoire, toujours fraîche et toujours ré-

(1) S. Aug. de Doc. Christ. lib. iv. tom. III, part. I,
n. 42, p. 81.

cente, est douce à toute l'église comme une composition de parfums. Mais quelle a été la conduite de son successeur dans cet emploi délicat? N'entrons jamais dans ce détail; honorons par notre silence le mystérieux secret que Dieu a imposé à ses ministres. Contentons-nous de savoir qu'il y a des plantes tardives dans le jardin de l'époux; que pour en voir la fécondité, les directeurs des consciences, ces laboureurs spirituels, doivent attendre avec patience le fruit précieux de la terre, comme parle l'apôtre S. Jacques; (1) et qu'enfin le P. BOURGOING a eu cette singulière consolation, qu'il n'a pas attendu en vain, qu'il n'a pas travaillé inutilement, la terre qu'il cultivoit lui ayant donné avec abondance des fruits de bénédiction et de grace. Ah! si nous avons un cœur chrétien, ne passons pas cet endroit sans rendre à Dieu de justes louanges pour le don inestimable de sa clémence, et prions sa bonté suprême qu'elle fasse souvent de pareils miracles : *Gratias Deo super inenarrabili dono ejus.* (2)

Rendons graces aussi, chrétiens, à cette même bonté par Jésus-Christ Notre-Sei-

(1) JAC. v. 7.
(2) II. COR. ix. 15.

gneur, de ce qu'elle a fait paroître en nos jours un prêtre si saint, qu'on a vu apporter persévéramment l'innocence à l'autel, le zèle à la chaire, l'assiduité à la prière, une patience vigoureuse dans la conduite des ames, une ardeur infatigable à toutes les affaires de l'église. Il ne vit que pour l'église, il ne respire que l'église : il veut non-seulement tout consacrer, mais encore tout sacrifier aux intérêts de l'église, sa personne, ses frères, sa congrégation. Il l'a gouvernée en cet esprit durant l'espace de vingt et un ans ; et comme toute la conduite de cette sainte compagnie consiste à s'attacher constamment à la conduite de l'église, à ses évêques, à son chef visible, je ne croirai pas m'éloigner de la suite de mon discours, si je trace ici en peu de paroles, comme un plan de la sainte église selon le dessein éternel de son divin architecte : je vous demande, messieurs, que vous renouvelliez vos attentions.

SECOND POINT.

Vous comprenez, mes frères, par tout ce que j'ai déjà dit, que le dessein de Dieu dans l'établissement de son église est de faire éclater par toute la terre le mystère de son unité, en laquelle est ramassée toute sa grandeur. C'est pourquoi le Fils de Dieu est venu au monde, et « le Verbe (1) « a été fait chair, et il a daigné habiter « en nous, et nous l'avons vu parmi les « hommes plein de grace et de vérité, » afin que par la grace qui unit, il ramenât tout le genre humain à la vérité qui est une. Ainsi, venant sur la terre avec cet esprit d'unité, il a voulu que tous ses disciples fussent unis, et il a fondé son église unique et universelle, « afin que « tout y fût consommé et réduit en un : » *Ut sint consummati in unum*, (2) comme il le dit lui-même dans son évangile.

Je vous le dis, chrétiens, c'est ici en vérité un grand mystère en Jésus-Christ et en son église. « (3) Il n'y a qu'une co-« lombe et une parfaite : » *Una est columba mea, perfecta mea ;* il n'y a qu'une seule épouse, qu'une seule église catholique, qui est la mère commune de tous les fidèles. Mais comment est-elle la mère de tous les fidèles, puisqu'elle n'est autre chose que l'assemblée de tous les fidèles ? C'est ici le secret de Dieu. Toute la grace

(1) JOAN. I, 14.   (2) JOAN. xvij. 23.
(3) CANT. vj. 8.

de l'église, toute l'efficace du Saint-Esprit est dans l'unité : en l'unité est le trésor, en l'unité est la vie, hors de l'unité est la mort certaine. L'église donc est une ; et, par son esprit d'unité catholique et universelle, elle est la mère toujours féconde de tous les particuliers qui la composent : ainsi tout ce qu'elle engendre elle se l'unit très-intimement ; en cela dissemblable des autres mères qui mettent hors d'elles-mêmes les enfans qu'elles produisent. Au contraire, l'église n'engendre les siens qu'en les recevant en son sein, qu'en les incorporant à son unité. Elle croit entendre sans cesse en la personne de S. Pierre ce commandement qu'on lui fait d'en-haut : « Tue et mange, » unis, incorpore : *Occide et manduca ;* (1) et se sentant animée de cet esprit unissant, elle élève la voix nuit et jour pour appeler tous les hommes au banquet où tout est fait un ; et lorsqu'elle voit les hérétiques qui s'arrachent de ses entrailles, ou plutôt qui lui arrachent ses entrailles mêmes, et qui emportent avec eux en la déchirant le sceau de son unité, qui est le baptême, conviction visible de leur désertion ; elle redouble son amour

(1) Act. x. 13.

maternel envers ses enfans qui demeurent, les liant et les attachant toujours davantage à son esprit d'unité : tant il est vrai qu'il a plu à Dieu que tout concourût à l'œuvre de l'unité sainte de l'église, et même le schisme, la rupture et la révolte.

Voilà donc le dessein du grand architecte, faire régner l'unité en son église et par son église : voyons maintenant l'exécution. L'exécution, chrétiens, c'est l'établissement des pasteurs ; car de crainte que les troupeaux errans et vagabonds ne fussent dispersés deçà et de-là, Dieu établit les pasteurs pour les rassembler. Il a donc voulu imprimer dans l'ordre et dans l'office des pasteurs le mystère de l'unité de l'église ; et c'est en ceci que consiste la dignité de l'épiscopat. Le mystère de l'unité ecclésiastique est dans la personne, dans le caractère, dans l'autorité des évêques. En effet, chrétiens, ne voyez-vous pas qu'il y a plusieurs prêtres, plusieurs ministres, plusieurs prédicateurs, plusieurs docteurs ; mais il n'y a qu'un seul évêque dans un diocèse et dans une église ; et nous apprenons de l'histoire ecclésiastique, que lorsque les factieux entreprenoient de diviser l'épiscopat, une voix commune de toute l'église et de tout le peuple fidèle s'élevoit contre cet attentat sacrilége par ces paroles remarquables : « Un Dieu, un Christ, un « évêque : » *Unus Deus, unus Christus, unus episcopus.* (1) Quelle merveilleuse association, un Dieu, un Christ, un évêque ! un Dieu, principe de l'unité, un Christ, médiateur de l'unité, un évêque, marquant et représentant en la singularité de sa charge le mystère de l'unité de l'église. Ce n'est pas assez, chrétiens, chaque évêque a son troupeau particulier. Parlons plus correctement : les évêques n'ont tous ensemble qu'un même troupeau, dont chacun conduit une partie inséparable du tout ; de sorte qu'en vérité tous les évêques sont au tout et à l'unité, et ils ne sont partagés que pour la facilité de l'application. Mais Dieu voulant maintenir parmi ce partage l'unité inviolable du tout ; outre les pasteurs des troupeaux particuliers, il a donné un père commun, il a préposé un pasteur à tout le troupeau, afin que la sainte église fût une fontaine scellée par le sceau d'une

(1) CORNEL. Epist. ad Cypr. apud Cypr. ep. xlvj p. 60. THEODORET. Hist. Eccles. lib. II, cap. xiv, t. III, p. 610.

parfaite unité, et « qu'y ayant un chef
« établi, l'esprit de division n'y entrât
« jamais : » *Ut capite constituto schismatis tolleretur occasio.* (1)

Ainsi Notre-Seigneur Jésus-Christ voulant commencer le mystère de l'unité de son église, il a séparé les apôtres du nombre de tous les disciples; et ensuite voulant consommer le mystère de l'unité de l'église, il a séparé l'apôtre S. Pierre du milieu des autres apôtres. Pour commencer l'unité dans toute la multitude, il en choisit douze; pour consommer l'unité parmi les douze, il en choisit un. En commençant l'unité, il n'exclut pas tout-à-fait la pluralité : « (2) Comme le père m'a
« envoyé, ainsi, dit-il, je vous envoie. »
Mais pour conduire à la perfection le mystère de l'unité de son église, il ne parle pas à plusieurs, il désigne S. Pierre personnellement, il lui donne un nom particulier : « (3) Et moi, dit-il, je te dis
« à toi : Tu es Pierre; et, ajoute-t-il, sur
« cette pierre je bâtirai mon église; et,
« conclut-il, les portes d'enfer ne prévau-
« dront point contre elle, » afin que nous

(1) S. Hieron. adv. Jovin. lib. 1, t. ix, p. 168.
(2) Joan. xx. 21.
(3) Matt. xvi. 18.

entendions que la police, le gouvernement, et toute l'ordonnance de l'église se doit enfin réduire à l'unité seule; et que le fondement de cette unité est et sera éternellement le soutien immobile de cet édifice.

Par conséquent, chrétiens, quiconque aime l'église doit aimer l'unité, et quiconque aime l'unité doit avoir une adhérence immuable à tout l'ordre épiscopal, dans lequel et par lequel le mystère de l'unité se consomme pour détruire le mystère d'iniquité qui est l'œuvre de rébellion et de schisme. Je dis à tout l'ordre épiscopal, au pape chef de cet ordre et de l'église universelle, aux évêques chefs et pasteurs des églises particulières. Tel est l'esprit de l'église, tel est principalement le devoir des prêtres qui sont établis de Dieu pour être coopérateurs de l'épiscopat. Le cardinal de Berulle, plein de l'esprit de l'église et du sacerdoce, n'a formé sa congrégation que dans la vue de ce dessein; et le P. François BOURGOING l'a toujours très-saintement gouvernée dans cette même conduite.

Soyez bénie de Dieu, sainte compagnie; entrez de plus en plus dans ces sentimens, éteignez ces feux de division, ensevelissez sans retour ces noms de parti. Laissez se débattre, laissez disputer et languir dans des questions ceux qui n'ont pas le zèle de servir l'église : d'autres pensées vous appellent, d'autres affaires demandent vos soins. Employez tout ce qui est en vous d'esprit, et de cœur, et de lumière, et de zèle au rétablissement de la discipline, si horriblement dépravée et dans le clergé et parmi le peuple.

Deux choses sont nécessaires à la sainte église, la pureté de la foi et l'ordre de la discipline. La foi est toujours sans tache, la discipline souvent chancelante. D'où vient cette différence, si ce n'est que la foi est le fondement, lequel étant renversé, tout l'édifice tomberoit par terre? Or, il a plu à notre Sauveur, qui a établi son église comme un édifice sacré, de permettre que, pour exercer le zèle de ses ministres, il y eût toujours à la vérité quelques refections à faire dans le corps du bâtiment; mais que le fondement fût si ferme, que jamais il ne pût être ébranlé; parce que les hommes peuvent bien, en quelque sorte, contribuer par sa grace à faire les réparations de l'édifice; mais qu'ils ne pourroient jamais le redresser de nouveau, s'il étoit entièrement abattu. Il faudroit que le fils de Dieu vînt encore au monde ; et comme il a résolu de n'y venir qu'une fois, il a fondé son temple si solidement, qu'il n'aura jamais besoin qu'on le rétablisse, et qu'il suffira seulement qu'on l'entretienne.

Qui pourroit assez exprimer quel étoit le zèle du P. Bourgoing, pour travailler à ce grand ouvrage ? il regardoit les évêques comme ceux qui sont établis de Dieu pour faire vivre dans le peuple et dans le clergé la discipline chrétienne. Il révéroit dans leur ordre la vigueur et la plénitude d'une puissance céleste, pour réprimer la licence et arrêter le torrent des mauvaises mœurs, qui s'enflant et s'élevant à grands flots, menace d'inonder toute la face de la terre. Non content d'exciter leur zèle, il travailloit nuit et jour à leur donner de fidèles ouvriers. Sa compagnie lui doit le dessein d'avoir des institutions ecclésiastiques pour y former des saints prêtres, c'est-à-dire, donner des pères aux enfans de Dieu ; et il ne faut pas sortir bien loin pour voir des fruits de son zèle. Allez à cette maison où reposent les os du grand saint Magloire : là, dans l'air le plus pur et le plus serein de la ville, un nombre infini d'ecclésiastiques respire un air encore plus pur de la discipline cléricale : ils se répandent dans les diocèses, et portent par-tout l'esprit de l'église, c'est l'effet des soins du P. BOURGOING. Mais pourquoi vous parler ici d'un séminaire particulier ? toutes les maisons de l'Oratoire n'étoient-elles pas sous sa conduite autant de séminaires des évêques ? Il professoit hautement que tous les sujets de sa compagnie étoient plus aux prélats qu'à la compagnie, et avec raison, chrétiens, puisque la gloire de la compagnie c'est d'être toute entière à eux, pour être par eux toute entière à l'église et à Jésus-Christ.

De-là vous pouvez connoître combien cette compagnie est redevable aux soins de son général, qui savoit si bien conserver en elle l'esprit de son institut, c'est-à-dire, l'esprit primitif de la cléricature et du sacerdoce. Il en étoit tellement rempli, qu'il en animoit tous ses frères ; et ceux qui auroient été assez insensibles pour ne se pas rendre à ses paroles, auroient été forcés de céder à la force toute-puissante de ses exemples ; et en effet, chrétiens, quel autre étoit plus capable de leur inspirer l'esprit d'oraison, que celui qu'ils voyoient toujours le plus assidu à ce divin exercice? Qui pouvoit plus puissamment enflammer leurs cœurs à travailler sans relâche pour les intérêts de l'église, que celui dont les maladies n'étoient pas capables d'en ralentir l'action? ce grand homme ne voulant pas, autant qu'il pouvoit, qu'il fût tant permis aux infirmités d'interrompre les occupations d'un prêtre de Jésus-Christ. Qui a pu leur enseigner plus utilement à conserver parmi les emplois une sainte liberté d'esprit, que celui qui s'est montré dans les plus grands embarras autant paisible, autant dégagé, qu'agissant et infatigable? Enfin, de qui pouvoient-ils apprendre avec plus de fruit à dompter par la pénitence la délicatesse des sens et de la nature, que de celui qu'ils ont toujours vu retrancher de son sommeil malgré son besoin, endurer la rigueur du froid malgré sa vieillesse, continuer ses jeûnes malgré ses travaux; enfin affliger son corps par toutes sortes d'austérités, malgré ses infirmités corporelles?

O membres tendres et délicats, si souvent couchés sur la dure! O gémissemens! ô cris de la nuit, pénétrant les nues, perçant jusqu'à Dieu! O fontaines de larmes, sources de joie! O admirable ferveur d'esprit et prière continuelle ! O ame qui soutenoit le corps presque sans aucune nourriture, ou plutôt, ô corps contraint de mourir avant la mort même, afin que l'ame fût en liberté! O appât du plaisir sensible et goût du fruit défendu, surmonté par la continence du P. Bourgoing ! O Jésus-Christ ! ô sa mort ! ô son anéantissement et sa croix honorés par sa pénitence ! Plût à Dieu que, touché d'un si saint exemple, je mortifie mes membres mortels, et que je commence à marcher par la voie étroite, et que je m'ensevelisse avec Jésus-Christ pour être son cohéritier !

Car que faisons-nous, chrétiens, que faisons-nous autre chose, lorsque nous flattons notre corps, que d'accroître la proie de la mort, lui enrichir son butin, lui engraisser sa victime ? Pourquoi m'es-tu donné, ô corps mortel, fardeau accablant, soutien nécessaire, ennemi flatteur, ami dangereux, avec lequel je ne puis avoir ni guerre ni paix, parce qu'à chaque moment il faut s'accorder, et à chaque moment il faut rompre ? O inconcevable union, et aliénation non moins étonnante! « Malheureux homme que je

« suis ! qui me délivrera de ce corps mor-
« tel » ? *Infelix ego homo ! quis me libera-
bit de corpore mortis hujus ?* (1) Si nous
n'avons pas le courage d'imiter le P. Bourgoing dans ses austérités, pourquoi flat-
tons-nous nos corps, nourrissons-nous
leurs convoitises par notre mollesse, et
les rendons-nous invincibles par nos complaisances ?

Se peut-il faire, mes frères, que nous
ayons tant d'attache à cette vie et à ses
plaisirs, si nous considérons attentivement combien est dure la condition avec
laquelle on nous l'a prêtée ? La Nature,
cruelle usurière, nous ôte tantôt un sens
et tantôt un autre. Elle avoit ôté l'ouïe
au P. Bourgoing, et elle ne manque pas
tous les jours de nous enlever quelque
chose comme pour l'intérêt de son prêt,
sans se départir pour cela du droit qu'elle
se réserve, d'exiger en toute rigueur la
somme totale à sa volonté ; et alors où
serons-nous ? que deviendrons-nous ? dans
quelles ténèbres serons-nous cachés ? dans
quel gouffre serons-nous perdus ? Il n'y
aura plus sur la terre aucun vestige de ce
que nous sommes. « La chair changera
« de nature, le corps prendra un autre

(1) Rom. vij. 24.

« nom ; même celui de cadavre, dit Ter-
« tullien, ne lui demeurera pas long-temps;
« il deviendra un je ne sais quoi, qui n'a
« point de nom dans aucune langue : »
tant il est vrai que tout meurt en nos
corps, jusqu'à ces termes funèbres, par
lesquels on exprimoit nos malheureux
restes : *Post totum illud ignobilitatis elogium,
caducæ carnis in originem terram, et cada-
veris nomen ; et de isto quoque nomine peri-
turæ in nullum inde jam nomen, in omnis
jam vocabuli mortem.* (1)

Et vous vous attachez à ce corps, et vous
bâtissez sur ces ruines, et vous contrac-
tez avec ce mortel une amitié immortelle!
O que la mort vous sera cruelle ! ô que
vainement vous soupirerez, disant avec ce
roi des Amalécites : *Siccine separat amara
mors ?* (2) Est-ce ainsi que la mort amère
« sépare de tout » ? Quel coup ! quel état !
quelle violence !

Il n'y a que l'homme de bien qui n'a
rien à craindre en ce dernier jour. La
mortification lui rend la mort familière ;
le détachement des plaisirs le désaccou-
tume du corps, il n'a point de peine à
s'en séparer ; il a déjà depuis fort long-

(1) Tertul. de resur. carn. n. 4, pag. 381.
(2) 1. Reg. xv. 32.

temps, ou dénoué ou rompu les liens les plus délicats qui nous y attachent. Ainsi le P. Bourgoing ne peut être surpris de la mort : « Ses jeûnes et ses pénitences « l'ont souvent avancé dans son voisina- « ge, comme pour la lui faire observer de « près : » *Sæpe jejunans mortem de proximo novit.* (1) « Pour sortir du monde plus lé- « gèrement, il s'est déjà déchargé lui- « même d'une partie de son corps, comme « d'un empêchement importun à l'ame : » *Præmisso jam sanguinis succo, tamquam animæ impedimento.* (2) Un tel homme dégagé du siècle, qui a mis toute son es- pérance en la vie future, voyant appro- cher la mort, ne la nomme ni cruelle ni inexorable : au contraire, il lui tend les bras, il lui présente sans murmurer ce qui lui reste de corps, et lui montre lui- même l'endroit où elle doit frapper son dernier coup. Ô mort! lui dit-il d'un vi- sage ferme, tu ne me feras aucun mal, tu ne m'ôteras rien de ce qui m'est cher; tu me sépareras de ce corps mortel : ô mort! je t'en remercie; j'ai travaillé toute ma vie à m'en détacher, j'ai tâché de mortifier mes appétits sensuels; ton se-

(1) Tertul. de Jejun. 8, 12, p. 710.
(2) Ibid.

cours, ô mort ! m'étoit nécessaire pour en arracher jusqu'à la racine. Ainsi, bien loin d'interrompre le cours de mes desseins, tu ne fais qu'accomplir l'ouvrage que j'ai commencé ; tu ne détruis pas ce que je prétends, mais tu l'achèves : achève donc, ô mort favorable ! et rends-moi bientôt à mon maître.

Ah ! « qu'il n'en est pas ainsi des im-« pies ! » *Non sic impii, non sic.* (1) La mort ne leur arrive jamais si tard, qu'elle ne soit toujours précipitée ; elle n'est jamais prévenue par tant d'avertissemens qu'elle ne soit toujours imprévue. Toujours elle rompt quelque grand dessein et quelque affaire importante : au lieu qu'un homme de bien, à chaque heure, à chaque moment a toujours ses affaires faites ; il a toujours son ame en ses mains, prêt à la rendre au premier signal. Ainsi est mort le P. Bourgoing ; et voilà qu'étant arrivé en la bienheureuse terre des vivans, il voit et il goûte en la source même combien le Seigneur est doux ; et il chante, et il triomphe avec ses saints anges, pénétrant Dieu, pénétré de Dieu, admirant la magnificence de sa maison, et s'enivrant du torrent de ses délices.

(1) Ps. 1. 4.

Qui nous donnera, chrétiens, que nous mourions de cette mort, et que notre mort soit un jour de fête, un jour de délivrance, un jour de triomphe! « Ah! « que mon ame meure de la mort des « justes! » *Moriatur anima mea morte justorum!* (1) Mais pour mourir de la mort des justes, vivez, mes frères, de la vie des justes. Ne soyez pas de ceux qui diffèrent à se reconnoître quand ils ont perdu la connoissance, et qui méprisent si fort leur ame, qu'ils ne songent à la sauver que lorsqu'ils sont en danger de perdre leurs corps, desquels certes on peut dire véritablement qu'ils se convertissent par désespoir plutôt que par espérance. Mes frères, faites pénitence, tandis que le médecin n'est pas encore à vos côtés, vous donnant des jours et des heures qui ne sont pas en sa puissance, et toujours prêt à philosopher admirablement de la maladie après la mort. Convertissez-vous de bonne heure; que la pensée en vienne de Dieu et non de la fièvre, de la raison et non du trouble, du choix et non de la force ni de la contrainte. Si votre corps est une hostie, consacrez à Dieu une hostie vivante; si c'est un talent précieux

(1) Num. xxiij. 10.

qui doive profiter entre ses mains, mettez-le de bonne heure dans le commerce, et n'attendez pas à le lui donner qu'il le faille enfouir en terre : c'est ce que je dis à tous les fidèles.

Et vous, sainte compagnie, qui avez desiré d'ouïr de ma bouche le panégyrique de votre père, vous ne m'avez pas appelé dans cette chaire, ni pour déplorer votre perte par des plaintes étudiées, ni pour contenter les vivans par de vains éloges des morts. Un motif plus chrétien vous a excitée à me demander ce discours funèbre à la gloire de ce grand homme : vous avez prétendu que je consacrasse la mémoire de ses vertus, et que je vous proposasse, comme en un tableau, le modèle de sa sainte vie. Soyez donc ses imitateurs comme il l'a été de Jésus-Christ : c'est ce qu'il demande de vous aussi ardemment, j'ose dire plus ardemment que le sacrifice mystique ; car si par ce sacrifice vous procurez son repos ; en imitant ses vertus, vous enrichissez sa couronne. C'est vous-mêmes, mes révérends Pères, qui serez et sa couronne et sa gloire au jour de Notre-Seigneur, si, comme vous avez été durant tout le cours de sa vie obéissans à ses ordres, vous vous rendez de plus en plus après sa mort fidèles imitateurs de sa piété. Ainsi soit-il.

Notice sur le R. P. BOURGOING, supérieur général de la Congrégation de l'Oratoire.

Nous n'avons pas cru nécessaire de faire une Notice biographique pour chacun des personnages qui sont l'objet de ces trois dernières Oraisons funèbres; d'abord, parce que sans être tout-à-fait indignes de leur auteur, ces oraisons sont cependant fort loin de pouvoir être comparées à celles qui l'ont rendu si justement célèbre en ce genre ; et en outre les trois personnages qui en sont l'objet, maintenant tout-à-fait oubliés, n'offrent dans les circonstances de leur vie aucune particularité intéressante, et qu'il soit nécessaire de rappeler ici à la mémoire.

Pour l'intelligence de la première de ces trois Oraisons funèbres, il suffira de savoir que FRANÇOIS BOURGOING qui en est l'objet, né en 1585, et reçu en 1609 bachelier et docteur de Sorbonne, quitta en 1611 la cure du village de Clichy près Paris pour entrer dans la congrégation des Pères de l'Oratoire que formoit alors le cardinal de Berulle. Celui-ci se servit de lui pour introduire cette nouvelle congrégation à Nantes, à Dieppe, à Rouen, sur-tout en Flandre et dans beaucoup d'autres lieux. En 1641, après la mort du père de Condren qui avoit succédé au cardinal de Berulle dans la place de supérieur général de la congrégation, le P. BOURGOING fut élu pour le remplacer : dans cette nouvelle fonction, son zèle ardent, et sans doute excessif pour l'avantage et les intérêts de son ordre, sa vigilance minutieuse et prodigue de réglemens et d'actes d'autorités, sur-tout ses efforts constans pour rendre cette autorité chaque jour plus entière et plus absolue, lui attirèrent de nombreux ennemis, et lui firent éprouver de vives contradictions auxquelles il fut le plus souvent obligé de céder. Enfin, en 1661, et lorsque de grandes infirmités avoient déjà beaucoup affoibli ses facultés physiques et intellectuelles, il se vit forcé de se démettre dans une assemblée générale de l'ordre, qui profita de cette démission pour circonscrire l'autorité du supérieur général dans des limites plus étroites, et que les successeurs du P. BOURGOING ne pussent désormais outre-passer. Celui-ci mourut l'année suivante, âgé de 78 ans.

ORAISON FUNÈBRE

DE MADAME

YOLANDE DE MONTERBY,

Abbesse des religieuses Bernardines
de * * * (1).

Ubi est, mors, victoria tua?

O mort, où est ta victoire? 1. Cor. xv. 55.

Quand l'Église ouvre la bouche des prédicateurs dans les funérailles de ses enfans, ce n'est pas pour accroître la pompe du deuil par des plaintes étudiées, ni pour satisfaire l'ambition des vivans par de vains éloges des morts. La première de ces deux choses est trop indigne de sa fermeté, et l'autre, trop contraire à sa modestie. Elle se propose un objet plus noble dans la solennité des discours funè-

---

(1) Nous ignorons de quelle maison religieuse cette dame étoit abbesse.

bres : elle ordonne que ses ministres, dans les derniers devoirs que l'on rend aux morts, fassent contempler à leurs auditeurs la commune condition de tous les mortels, afin que la pensée de la mort leur donne un saint dégoût de la vie présente, et que la vanité humaine rougisse en regardant le terme fatal que la Providence divine a donné à ses espérances trompeuses.

Ainsi n'attendez pas, chrétiens, que je vous représente aujourd'hui, ni la perte de cette maison, ni la juste affliction de toutes ces dames à qui la mort ravit une mère qui les a si bien élevées. Ce n'est pas aussi mon dessein de rechercher bien loin dans l'antiquité les marques d'une très-illustre noblesse, qu'il me seroit aisé de vous faire voir dans la race de Monterby, dont l'éclat est assez connu par son nom et ses alliances. Je laisse tous ces entretiens superflus, pour m'attacher à une matière et plus sainte et plus fructueuse. Je vous demande seulement que vous appreniez de l'abbesse très-digne et très-vertueuse, pour laquelle nous offrons à Dieu le saint sacrifice de l'eucharistie, à vous servir si heureusement de la mort, qu'elle vous obtienne l'immortalité. C'est par-là que vous rendrez inutiles tous les efforts de cette cruelle ennemie ; et que l'ayant enfin désarmée de tout ce qu'elle semble avoir de terrible, vous lui pourrez dire avec l'apôtre : « O mort, où est ta victoire ? » *Ubi est, mors, victoria tua* (1) ? C'est ce que je tâcherai de vous faire entendre dans cette courte exhortation, où j'espère que le Saint-Esprit me fera la grace de ramasser en peu de paroles des vérités très-considérables que je puiserai dans les écritures.

C'est un fameux problème, qui a été souvent agité dans les écoles des philosophes, lequel est le plus désirable à l'homme, ou de vivre jusqu'à l'extrême vieillesse, ou d'être promptement délivré des misères de cette vie. Je n'ignore pas, chrétiens, ce que pensent là-dessus la plupart des hommes. Mais comme je vois tant d'erreurs reçues dans le monde avec un tel applaudissement, je ne veux pas ici consulter les sentimens de la multitude, mais la raison et la vérité, qui seules doivent gouverner les esprits des hommes.

Et certes, il pourroit sembler au premier abord que la voix commune de la

(1) I. Cor. xv, 55.

nature, qui desire toujours ardemment la vie, devroit décider cette question ; car si la vie est un don de Dieu, n'est-ce pas un desir très-juste de vouloir conserver long-temps les bienfaits de son souverain ? Et d'ailleurs étant certain que la longue vie approche de plus près l'immortalité, ne devons-nous pas souhaiter de retenir, si nous pouvons, quelque image de ce glorieux privilége dont notre nature est déchue ?

En effet, nous voyons que les premiers hommes, lorsque le monde plus innocent étoit encore dans son enfance, remplissoient des neuf cents ans par leur vie ; et que lorsque la malice est accrue, la vie en même temps s'est diminuée. Dieu même, dont la vérité infaillible doit être la règle souveraine de nos sentimens, étant irrité contre nous, nous menace en sa colère d'abréger nos jours : et au contraire il promet une longue vie à ceux qui observeront ses commandemens. Enfin, si cette vie est le champ fécond dans lequel nous devons semer pour la glorieuse immortalité, ne devons-nous pas desirer que ce champ soit ample et spacieux, afin que la moisson soit plus abondante? Et ainsi l'on ne peut nier que la bonne vie ne soit souhaitable.

Ces raisons qui flattent nos sens gagneront aisément le dessus. Mais on leur oppose d'autres maximes qui sont plus dures, à la vérité, et aussi plus fortes et plus vigoureuses; et premièrement, je nie que la vie de l'homme puisse être longue: de sorte que souhaiter une longue vie dans ce lieu de corruption, c'est n'entendre pas ses propres desirs. Je me fonde sur ce principe de S. Augustin: *Non est longum quod aliquando finitur.* (1) « Tout ce qui a fin ne peut être long. » Et la raison en est évidente; car tout ce qui est sujet à finir s'efface nécessairement au dernier moment, et on ne peut compter de longueur en ce qui est entièrement effacé; car de même qu'il ne sert de rien de remplir lorsque j'efface tout par un dernier trait: ainsi la longue et la courte vie sont toutes égalées par la mort, parce qu'elle les efface toutes également.

Je vous ai représenté, chrétiens, deux opinions différentes qui partagent les sentimens de tous les mortels. Les uns, en

(1) In Joan. Tract. xxxij. n. 9. t. III, part. II, pag. 529.

petit nombre, méprisent la vie, les autres estiment que leur plus grand bien c'est de la pouvoir long-temps conserver. Mais peut-être que nous accorderons aisément ces deux propositions si contraires, par une troisième maxime, qui nous apprendra d'estimer la vie, non par sa longueur, mais par son usage, et qui nous fera confesser qu'il n'est rien de plus dangereux qu'une longue vie, quand elle n'est remplie que de vaines entreprises, ou même d'actions criminelles ; comme aussi il n'est rien de plus précieux, quand elle est utilement ménagée pour l'éternité; et c'est pour cette seule raison que je bénirai mille et mille fois la sage et honorable vieillesse d'Yolande de Monterby ; puisque dès ses années les plus tendres jusqu'à l'extrémité de sa vie, qu'elle a finie en Jésus-Christ après un grand âge, la crainte de Dieu a été son guide, la prière son occupation, la pénitence son exercice, la charité sa pratique la plus ordinaire, le ciel tout son amour et son espérance.

Désabusons-nous, chrétiens, des vaines et téméraires préoccupations, dont notre raison est toute obscurcie par l'illusion de nos sens : apprenons à juger des choses par les véritables principes, nous avouerons franchement, à l'exemple de cette abbesse, que nous devons dorénavant mesurer la vie par les actions, non par les années. C'est ce que vous comprendrez sans difficulté par ce raisonnement invincible.

Nous pouvons regarder le temps de deux manières différentes : nous le pouvons considérer premièrement en tant qu'il se mesure en lui-même par heures, par jours, par mois, par années; et dans cette considération je soutiens que le temps n'est rien, parce qu'il n'a ni forme ni substance; que tout son être n'est que de couler, c'est-à-dire, que tout son être n'est que de périr, et partant que tout son être n'est rien.

C'est ce qui fait dire au psalmiste retiré profondément en lui-même, dans la considération du néant de l'homme: *Ecce mensurabiles posuisti dies meos :* « (1) Vous « avez, dit-il, établi le cours de ma vie « pour être mesuré par le temps ; » et c'est ce qui lui fait dire aussi-tôt après : *Et substantia mea tamquam nihilum ante te :* « Et ma substance est comme rien « devant vous, » parce que tout mon

(1) Ps. xxxviij. 6.

être dépendant du temps, dont la nature est de n'être jamais que dans un moment qui s'enfuit d'une course précipitée et irrévocable, il s'ensuit que ma substance n'est rien, étant inséparablement attachée à cette vapeur légère et volage, qui ne se forme qu'en se dissipant, et qui entraîne perpétuellement mon être avec elle d'une manière si étrange et si nécessaire, que si je ne suis le temps je me perds, parce que ma vie demeure arrêtée ; et d'autre part, si je suis le temps qui se perd et coule toujours, je me perds nécessairement avec lui : *Ecce mensurabiles posuisti dies meos, et substantia mea tamquam nihilum ante te ;* d'où passant plus outre il conclut : *In imagine pertransit homo :* « (1) L'homme passe comme les vai- « nes images » que la fantaisie forme en elle-même dans l'illusion de nos songes, sans corps, sans solidité et sans consistance.

Mais élevons plus haut nos esprits ; et après avoir regardé le temps dans cette perpétuelle dissipation, considérons-le maintenant en un autre sens, en tant qu'il aboutit à l'éternité ; car cette présence immuable de l'éternité, toujours

(1) Ps. xxxviij. 7.

fixe, toujours permanente, enfermant en l'infinité de son étendue toutes les différences des temps, il s'ensuit manifestement que le temps peut être en quelque sorte dans l'éternité ; et il a plu à notre grand Dieu, pour consoler les misérables mortels de la perte continuelle qu'ils font de leur être, par le vol irréparable du temps, que ce même temps qui se perd, fût un passage à l'éternité qui demeure ; et de cette distinction importante du temps considéré en lui-même, et du temps par rapport à l'éternité, je tire cette conséquence infaillible.

Si le temps n'est rien par lui-même, il s'ensuit que tout le temps est perdu, auquel nous n'aurons point attaché quelque chose de plus immuable que lui, quelque chose qui puisse passer à l'éternité bienheureuse. Ce principe étant supposé, arrêtons un peu notre vue sur un vieillard qui auroit blanchi dans les vanités de la terre. Quoique l'on me montre ses cheveux gris, quoique l'on me compte ses longues années, je soutiens que sa vie ne peut être longue, j'ose même assurer qu'il n'a pas vécu ; car que sont devenues toutes ses années ? Elles sont passées, elles sont perdues. Il ne lui en reste pas la moindre parcelle en ses mains, parce qu'il n'y a rien attaché de fixe ni de permanent. Que si toutes ses années sont perdues, elles ne sont pas capables de faire nombre. Je ne vois rien à compter dans cette vie si longue, parce que tout y est inutilement dissipé : par conséquent tout est mort en lui; et sa vie étant vuide de toutes parts, c'est erreur de s'imaginer qu'elle puisse jamais être estimée longue.

Que si je viens maintenant à jeter les yeux sur la dame si vertueuse qui a gouverné si long-temps cette noble et religieuse abbaye, c'est-là où je remarque, fidèles, une vieillesse vraiment vénérable. Certes, quand elle n'auroit vécu que fort peu d'années, les ayant fait profiter si utilement pour la bienheureuse immortalité, sa vie me paroîtroit toujours assez longue. Je ne puis jamais croire qu'une vie soit courte, lorsque j'y vois une éternité toute entière glorieusement attachée.

Mais quand je considère quatre-vingt-dix ans si soigneusement ménagés; quand je regarde des années si pleines et si bien marquées par les bonnes œuvres; quand je vois dans une vie si réglée, tant de jours, tant d'heures et tant de momens comptés et alloués pour l'éternité, c'est-là que je ne puis m'empêcher de dire : O temps utilement employé ! ô vieillesse vraiment précieuse ! *Ubi est, mors, victoria tua ?* « O mort, où est ta victoire ? » Ta main avare n'a rien enlevé à cette vertueuse abbesse, parce que ton domaine n'est que sur le temps, et que la sage dame dont nous parlons, desirant conserver celui qu'il a plu à Dieu lui donner, l'a fait heureusement passer dans l'éternité.

Si je l'envisage, fidèles, dans l'intérieur de son ame, j'y remarque, dans une conduite très-sage, une simplicité chrétienne. Étant humble dans ses actions et ses paroles, elle s'est toujours plus glorifiée d'être fille de S. Bernard, que de tant de braves aïeux, de la race desquels elle est descendue. Elle passoit la plus grande partie de son temps dans la méditation et dans la prière. Ni les affaires, ni les compagnies n'étoient pas capables de lui ravir le temps qu'elle destinoit aux choses divines. On la voyoit entrer en son cabinet avec une contenance, une modestie et une action toute retirée, et là elle répandoit son cœur devant Dieu avec cette bienheureuse simplicité, qui est la marque la plus assurée des enfans de la nouvelle alliance. Sortie de ces pieux exercices, elle parloit souvent des choses divines avec une affection si sincère, qu'il étoit aisé de connoître que son ame versoit sur ses lèvres ses sentimens les plus purs et les plus profonds. Jusques dans la vieillesse la plus décrépite, elle souffroit les incommodités et les maladies sans chagrin, sans murmure, sans impatience; louant Dieu parmi ses douleurs, non point par une constance affectée, mais avec une modération qui paroissoit bien avoir pour principe une conscience tranquille, et un esprit satisfait de Dieu.

Parlerai-je de sa prudence si avisée dans la conduite de sa maison? Chacun sait que sa sagesse et son économie en a beaucoup relevé le lustre; mais je ne vois rien de plus remarquable que ce jugement si réglé avec lequel elle a gouverné les dames qui lui étoient confiées; toujours également éloignée, et de cette rigueur farouche, et de cette indulgence molle et relâchée, si bien que comme elle avoit pour elles une sévérité mêlée de douceurs, elles lui ont toujours conservé une crainte accompagnée de tendresse, jusqu'au dernier moment de sa vie, et dans l'extrême caducité de son âge.

L'innocence, la bonne-foi, la candeur étoient ses compagnes inséparables. Elles conduisoient ses desseins, elles ménageoient tous ses intérêts, elles régissoient toute sa famille. Ni sa bouche, ni ses oreilles n'ont jamais été ouvertes à la médisance, parce que la sincérité de son cœur en chassoit cette jalousie secrète qui envenime presque tous les hommes contre leurs semblables. Elle savoit donner de la retenue aux langues les moins modérées; et l'on remarquoit dans ses entretiens cette charité dont parle l'apôtre, (1) qui n'est ni jalouse ni ambitieuse, toujours si disposée à croire le bien, qu'elle ne peut pas même soupçonner le mal.

Vous dirai-je avec quel zèle elle soulageoit les pauvres membres de Jésus-Christ? Toutes les personnes qui l'ont fréquentée savent qu'on peut dire, sans flatterie, qu'elle étoit naturellement libérale, même dans son extrême vieillesse, quoique cet âge ordinairement soit souillé des ordures de l'avarice. Mais cette inclination généreuse s'étoit particulièrement appliquée aux pauvres. Ses charités s'étendoient bien loin sur les personnes malades et nécessiteuses : elle partageoit sou-

---

(1) 1. Cor. xiij. 4, 5.

vent avec elles ce qu'on lui préparoit pour sa nourriture ; et dans ces saints empressemens de la charité qui travailloit son ame innocente d'une inquiétude pieuse pour les membres affligés du Sauveur des ames, on admiroit particulièrement son humilité, non moins soigneuse de cacher le bien, que sa charité de le faire. Je ne m'étonne plus, chrétiens, qu'une vie si religieuse ait été couronnée d'une fin si sainte.

ORAISON FUNÈBRE

DE MESSIRE

HENRI DE GORNAY.

Non privabit bonis eos qui ambulant in innocentia : Domine virtutum, beatus homo qui sperat in te.

Il ne privera point de ses biens ceux qui marchent dans l'innocence : Seigneur des armées, heureux est l'homme qui espère en vous.
Ps. lxxxiij. 13.

C'est, messieurs, dans ce dessein salutaire que j'espère aujourd'hui vous entretenir de la vie et des actions de messire Henri de Gornay, chevalier, seigneur de Talange de Louyn sur Seille, que la mort nous a ravi depuis peu de jours, où, rejetant loin de mon esprit toutes les considérations profanes, et les bassesses honteuses de la flatterie, indignes de la majesté du lieu où je parle, et du ministère sacré que j'exerce, je m'arrêterai à vous proposer trois ou quatre réflexions tirées des principes du christianisme, qui serviront, si Dieu le permet, pour l'instruction de tout ce peuple, et pour la consolation particulière de ses parens et de ses amis.

Quoique Dieu et la nature aient fait tous les hommes égaux, en les formant d'une même boue, la vanité humaine ne peut souffrir cette égalité, ni s'accommoder à la loi qui nous a été imposée, de les regarder tous comme nos semblables. De-là naissent ces grands efforts que nous faisons tous pour nous séparer du commun, et nous mettre en un rang plus haut par les charges ou par les emplois, par le crédit ou par les richesses. Que si nous pouvons obtenir ces avantages extérieurs, que la folle ambition des hommes a mis à un si grand prix, notre cœur s'enfle tellement que nous regardons tous les autres comme étant d'un ordre inférieur à nous; et à peine nous reste-t-il quelque souvenir de ce qui nous est commun avec eux.

Cette vérité importante, et connue si certainement par l'expérience, entrera plus utilement dans nos esprits, si nous considérons avec attention trois états où nous passons tous successivement; la naissance, le cours de la vie, sa conclusion par la mort. Plus je remarque de près la condition de ces trois états, plus mon esprit se sent convaincu que quelque apparente inégalité que la fortune ait mise entre nous, la nature n'a pas voulu qu'il y eût grande différence d'un homme à un autre.

Et premièrement, la naissance a des marques indubitables de notre commune foiblesse. Nous commençons tous notre vie par les mêmes infirmités de l'enfance : nous saluons tous, en entrant au monde, la lumière du jour par nos pleurs; et le premier air que nous respirons, nous sert à tous indifféremment à former des cris. Ces foiblesses de la naissance attirent sur nous tous généralement une même suite d'infirmités dans tout le progrès de la vie; puisque les grands, les petits et les médiocres, vivent également assujettis aux mêmes nécessités naturelles, exposés aux mêmes périls, livrés en proie aux mêmes maladies. Enfin, après tout arrive la mort, qui, foulant aux pieds l'arrogance humaine, et abattant sans ressource toutes ces grandeurs imaginaires, égale pour jamais toutes les conditions différentes, par lesquelles les ambitieux croyoient s'être mis au-dessus des autres : de sorte qu'il y a beaucoup de raison de nous comparer à des eaux courantes, comme fait l'Écriture Sainte; car de même que quelque inégalité qui paroisse dans le cours des rivières qui arrosent la surface de la terre, elles ont toutes cela de commun, qu'elles viennent d'une petite origine ; que dans le progrès de leur course, elles roulent leurs flots en bas par une chute continuelle, et qu'elles vont enfin perdre leurs noms avec leurs eaux dans le sein immense de l'Océan où l'on ne distingue point le Rhin, ni le Danube, ni ces autres fleuves renommés d'avec les rivières les plus inconnues ; ainsi tous les hommes commencent par les mêmes infirmités. Dans le progrès de leur âge, les années se poussent les unes les autres comme des flots : leur vie roule et descend sans cesse à la mort, par sa pesanteur naturelle, et enfin après avoir fait, ainsi que des fleuves, un peu plus de bruit les uns que les autres, ils vont tous se confondre dans ce gouffre infini du néant où l'on ne trouve plus ni rois, ni princes, ni capitaines, ni tous ces autres augustes noms qui nous séparent les uns des autres ; mais la corruption et les vers, la cendre et la pourriture qui nous égalent. Telle est la loi de la nature, et l'égalité nécessaire à laquelle elle soumet tous les hommes dans ces trois états remarquables, la naissance, la durée, la mort.

Que pourront inventer les enfans d'Adam, pour combattre, pour couvrir, ou pour effacer cette égalité, qui est gravée si profondément dans toute la suite de notre vie? Voici, mes frères, les inventions par lesquelles ils s'imaginent forcer la nature, et se rendre différens des autres, malgré l'égalité qu'elle a ordonnée. Premièrement, pour mettre à couvert la foiblesse commune de la naissance, chacun tâche d'attirer sur elle toute la gloire de ses ancêtres, et la rendre plus éclatante par cette lumière empruntée. Ainsi l'on a trouvé le moyen de distinguer les naissances illustres d'avec les naissances viles et vulgaires, et de mettre une différence infinie entre le sang noble et le roturier, comme s'il n'avoit pas les mêmes qualités, et n'étoit pas composé des mêmes élémens; et par-là, vous voyez déjà la naissance magnifiquement relevée. Dans le progrès de la vie, on se distingue plus aisément par les grands emplois, par les dignités éminentes, par les richesses et par l'abondance. Ainsi on s'élève et on s'agrandit, et on laisse les autres dans la lie du peuple. Il n'y a donc plus que la mort, où l'arrogance humaine est bien confondue ; car c'est-là que l'égalité est inévitable ; et encore que la vanité tâche, en quelque sorte, d'en couvrir la honte par les honneurs de la sépulture, il se voit peu d'hommes assez insensés pour se consoler de leur mort par l'espérance d'un superbe tombeau, ou par la magnificence de ses funérailles. Tout ce que peuvent faire ces misérables amoureux des grandeurs humaines, c'est de goûter tellement la vie, qu'ils ne songent point à la mort. La mort jette divers traits qui préparent son triomphe. Elle se fait sentir dans toute la vie par la crainte, les maladies, les accidens de toute espèce ; et son dernier coup est inévitable. Les hommes superbes croient faire beaucoup d'éviter les autres : c'est le seul moyen qui leur reste de secouer, en quelque façon, le joug insupportable de sa tyrannie, lorsqu'en détournant leur esprit, ils n'en sentent pas l'amertume.

C'est ainsi qu'ils se conduisent à l'égard de ces trois états, et de-là naissent trois vices énormes qui rendent ordinairement leur vie criminelle ; car cette superbe grandeur dont ils se flattent dans leur naissance, les fait vains et audacieux. Le desir démesuré, dont ils sont poussés de se rendre considérables au-dessus des autres, dans tout le progrès de leur âge, fait qu'ils s'avancent à la grandeur par toutes sortes de voies, sans épargner les plus criminelles ; et l'amour désordonné des douceurs qu'ils goûtent dans une vie pleine de délices, détournant leurs yeux de dessus la mort, fait qu'ils tombent entre ses mains sans l'avoir prévue, au lieu que l'illustre gentilhomme dont je vous dois aujourd'hui proposer l'exemple, a tellement ménagé toute sa conduite, que la grandeur de sa naissance n'a rien diminué de la modération de son esprit ; que ses emplois glorieux dans la ville et dans les armées, n'ont point corrompu son innocence, et que bien loin d'éviter l'aspect de la mort, il l'a tellement méditée, qu'elle n'a pas pu le surprendre, même en arrivant tout-à-coup, et qu'elle a été soudaine sans être imprévue.

Si autrefois le grand S. Paulin (1), di-

(1) Ad Sever. Epist. xxix. n. 7, p. 173. ed. Murat.

gne prélat de l'église de Nole, en faisant le panégyrique de sa parente sainte Mélanie, a commencé les louanges de cette veuve si renommée par la noblesse de son extraction ; je puis bien suivre un si grand exemple, et vous dire un mot en passant de l'illustre maison de Gornay, si célèbre et si ancienne. Mais pour ne pas traiter ce sujet d'une manière profane, comme fait la rhétorique mondaine, recherchons par les écritures de quelle sorte la noblesse est recommandable, et l'estime qu'on en doit faire selon les maximes du christianisme.

Et premièrement, chrétiens, c'est déjà un grand avantage qu'il ait plu à notre Sauveur de naître d'une race illustre par la glorieuse union du sang royal et sacerdotal dans la famille d'où il est sorti : *Regum et sacerdotum clara progenies* (1). Et pour quelle raison, lui qui a méprisé toutes les grandeurs humaines, qui n'a appelé, « ni beaucoup de sages, ni beau- « coup de nobles » ? *Non multi sapientes, non multi nobiles* (2); pourquoi a-t-il voulu naître de parens illustres ? Ce n'étoit pas pour en recevoir de l'éclat, mais plutôt

(1) Ibid. pag. 179.
(2) 1. Cor. 1, 23.

pour en donner à tous ses ancêtres. Il falloit qu'il sortît des patriarches pour accomplir en sa personne toutes les bénédictions qui leur avoient été annoncées. Il falloit qu'il naquît des rois de Juda pour conserver à David la perpétuité de son trône que tant d'oracles divins lui avoient promise.

Louer dans un gentilhomme chrétien ce que Jésus-Christ même a voulu avoir, n'auroit rien, ce semble, que de conforme aux règles de la foi. Mais cette noblesse temporelle est en soi trop peu de chose pour qu'on doive s'y arrêter ; c'est un sujet trop profane pour mériter les éloges des prédicateurs. Néanmoins nous louerons ici d'autant plus volontiers la noblesse de la famille du défunt qu'il y a quelque chose de saint à traiter. Je ne dirai point ni les grandes charges qu'elle a possédées, ni avec quelle gloire elle a étendu ses branches dans les nations étrangères, ni ses alliances illustres avec les maisons royales de France et d'Angleterre, ni son antiquité, qui est telle que nos chroniques n'en marquent point l'origine. Cette antiquité a donné lieu à plusieurs inventions fabuleuses, par lesquelles la simplicité de nos pères a cru donner du lustre à toutes les maisons anciennes, à cause que leur antiquité, en remontant plus loin aux siècles passés dont la mémoire est tout effacée, a donné aux hommes une plus grande liberté de feindre. La hardiesse humaine n'aime pas à demeurer court; où elle ne trouve rien de certain, elle invente. Je laisse toutes ces considérations profanes, pour m'arrêter à des choses saintes.

S. Livier, qui vivoit environ l'an 400, selon la supputation la plus exacte, est la gloire de (1) la maison de Gornay. Le sang qu'a répandu ce généreux martyr, l'honneur de la ville de Metz, pour la cause de Jésus-Christ, vous donne plus de gloire que celle que vous avez reçue de tant d'illustres ancêtres. Vous pouvez dire à juste titre avec Tobie: « Nous « sommes la race des saints : » *Filii sanctorum sumus* (2). L'histoire remarque que saint Livier étoit issu de « parens illus-

---

(1) M. Bossuet n'examine point ici en généalogiste l'origine de la maison de Gornay : il s'en tient à l'opinion que cette maison, comme bien d'autres, pouvoit avoir de son antiquité ; et si le prélat en eût discuté les preuves, il n'est pas douteux, après ce qu'il a dit quelques lignes plus haut, qu'il auroit bien rabattu des prétentions de cette maison.

(2) Tobie. II. 18.

« tres » : *Claris parentibus;* ce qui est une conviction manifeste qu'il faut reprendre la grandeur de cette maison d'une origine plus haute.

Mais tous ces titres glorieux n'ont jamais donné l'orgueil au respectable défunt que nous regrettons : il a toujours méprisé les vanteries ridicules dont il arrive assez ordinairement que la noblesse étourdit le monde. Il a cru que ces vanteries étoient plutôt dignes des races nouvelles, éblouies de l'éclat non accoutumé d'une noblesse de peu d'années ; mais que la véritable marque des maisons illustres auxquelles la grandeur et l'éclat étoient depuis plusieurs siècles passés en nature, ce devoit être la modération. Ce n'est pas qu'il ne jetât les yeux sur l'antiquité de sa race dont il possédoit parfaitement l'histoire ; mais comme il y avoit des saints dans sa race, il avoit raison de la contempler pour s'animer par ces grands exemples. Il n'étoit pas de ceux qui semblent être persuadés que leurs ancêtres n'ont travaillé que pour leur donner sujet de parler de leurs actions et de leurs emplois. Quand il regardoit les siens, il croyoit que tous ses aïeux illustres lui crioient continuellement jusques des siècles les plus reculés : Imite nos actions, ou ne te glorifie pas d'être notre fils. Il se jeta dans les exercices de sa profession à l'imitation de S. Livier : il commença à faire la guerre contre les hérétiques rebelles. Il devint premier capitaine et major dans Falzbourg, corps célèbre et renommé. Les belles actions qu'il y fit l'ayant fait connoître par le cardinal de Richelieu, auquel la vertu ne pouvoit pas être cachée, il s'en servit avantageusement dans les négociations d'Allemagne. Mais par-tout il montra une vertu digne de sa naissance. Ordinairement ceux qui sont dans les emplois de la guerre croient que c'est une prééminence de l'épée de ne s'assujettir à aucunes loix. Pour lui, il a révéré celles de l'église jusques dans les points qui paroissoient les plus incompatibles avec son état. Jamais on ne l'a vu violer les abstinences prescrites, sans une raison capable de lui procurer une dispense légitime. Comment n'auroit-il pas respecté la loi qu'il recevoit de toute l'église, puisqu'il observoit si soigneusement, et avec tant de religion, celles que sa dévotion particulière lui avoit imposées ? Il jeûnoit régulièrement tous les samedis, gardoit, avec la plus scrupuleuse exactitude et le plus grand respect, toutes les pratiques que la religion lui imposoit. Bien différent de ces militaires qui déshonorent la profession des armes par cette honte trop commune de bien faire les exercices de la piété. On croit assez faire, pourvu qu'on observe les ordres du général. Sa vieillesse, quoique pesante, n'étoit pas sans action : son exemple et ses paroles animoient les autres. Il est mort trop tôt : non ; car la mort ne vient jamais trop soudainement quand on s'y prépare par la bonne vie.

SERMON

POUR LA PROFESSION

DE MADAME

DE LA VALLIÈRE,

DUCHESSE DE VAUJOUR.

Et dixit qui sedebat in throno : Ecce nova facio omnia.

Et celui qui étoit assis sur le trône a dit : Je renouvelle toutes choses.   Apoc. xxj. 5.

M<small>ADAME</small> (1),

C<small>E</small> sera, sans doute, un grand spectacle, quand celui qui est assis sur le trône d'où relève tout l'univers, et à qui il ne coûte pas plus à faire qu'à dire, parce qu'il fait tout ce qu'il lui plaît par sa parole, prononcera du haut de son trône,

(1) A la reine.

à la fin des siècles, qu'il va renouveler toutes choses, et qu'en même temps on verra toute la nature changée, et paroître un monde nouveau pour les élus. Mais quand pour nous préparer à ces nouveautés surprenantes du siècle futur, il agit secrètement dans les cœurs par son Saint-Esprit, qui les change, qui les renouvelle, et que les remuant jusqu'au fond, il leur inspire des desirs jusqu'alors inconnus, ce changement n'est ni moins nouveau, ni moins admirable; et certainement il n'y a rien de plus merveilleux que ces changemens. Qu'avons-nous vu, et que voyons-nous! Quel état! et quel état! Je n'ai pas besoin de parler, les choses parlent assez d'elles-mêmes. Madame, voici un objet digne de la présence et des yeux d'une si pieuse reine. Votre majesté ne vient pas ici pour apporter les pompes mondaines dans la solitude; son humilité la sollicite à venir prendre part aux abaissemens de la vie religieuse, et il est juste que faisant par votre état une partie si considérable des grandeurs du monde, vous assistiez quelquefois aux cérémonies où on apprend à le mépriser.

Admirez donc avec nous ces grands changemens de la main de Dieu; il n'y a plus rien ici de l'ancienne forme, tout est changé au-dehors; ce qui se fait au-dedans est encore plus nouveau; et moi, pour célébrer ces nouveautés saintes, je romps un silence de tant d'années, je fais entendre une voix que les chaires ne connoissent plus. Afin donc que tout soit nouveau dans cette pieuse cérémonie, ô Dieu! donnez-moi encore ce style nouveau du Saint-Esprit, qui commence à faire sentir sa force toute-puissante (1) dans la bouche des apôtres. Que je prêche comme un S. Pierre la gloire de Jésus-Christ crucifié; que je fasse voir au monde ingrat avec quelle impiété il le crucifie encore tous les jours. Que je crucifie le monde à son tour; que j'en efface tous les traits et toute la gloire; que je l'ensevelisse, et que je l'enterre avec Jésus-Christ; enfin que je fasse voir que tout est mort, et qu'il n'y a que Jésus-Christ qui vit. Mes sœurs, demandez cette grace pour moi: souvent ce sont les auditeurs qui font les prédicateurs, et Dieu donne, par ses ministres, des enseignemens convenables aux saintes dispositions de ceux qui écoutent. Faites donc par vos prières le discours qui vous doit instruire, et obtenez-

(1) C'étoit la troisième fête de la Pentecôte.

moi les lumières du Saint-Esprit par l'intercession de la sainte Vierge. *Ave Maria.*

Nous ne devons pas être curieux de connoître distinctement ces nouveautés merveilleuses du siècle futur : comme Dieu les fera sans nous, nous devons nous en reposer sur sa puissance et sur sa sagesse ; mais il n'en est pas de même des nouveautés saintes qu'il opère au fond de nos cœurs. Il est écrit : « (1) Je « vous donnerai un cœur nouveau, » et il est écrit : « (2) Faites-vous un cœur « nouveau : » de sorte que ce cœur nouveau qui nous est donné, c'est nous aussi qui le devons faire ; et comme nous devons y concourir par le mouvement de nos volontés, il faut que ce mouvement soit prévenu par la connoissance. Considérez donc, chrétiens, quelle est cette nouveauté des cœurs, et quel est l'état ancien d'où le Saint - Esprit nous tire. Qu'y a-t-il de plus ancien que de s'aimer soi-même, et qu'y a-t-il de plus nouveau que d'être soi-même son persécuteur ? Mais celui qui se persécute soi-même, doit avoir vu quelque chose qu'il aime plus que soi-même. Ce sont deux

(1) Dabo vobis cor novum. Ezech. xxxvj 26.
(2) Facite vobis cor novum. Ibid. xviij. 31.

sortes d'amours qui font ici toutes choses. S. Augustin les définit par ces paroles : *Amor sui usque ad contemptum Dei, amor Dei usque ad contemptum sui* (1). L'un est l'amour de soi-même poussé jusqu'au mépris de Dieu ; c'est ce qui fait la vie ancienne et la vie du monde : l'autre c'est l'amour de Dieu poussé jusqu'au mépris de soi-même ; c'est ce qui fait la vie nouvelle du christianisme, et c'est ce qui étant porté à la perfection, fait la vie religieuse. Ces deux amours opposés feront tout le sujet de ce discours.

Mais prenez bien garde, messieurs, qu'il faut ici observer plus que jamais le précepte que nous donne l'Ecclésiastique (2). « Le sage qui entend, » dit-il, « une parole « sensée la loue, et se l'applique à soi-« même ; » il ne regarde pas à droite ni à gauche à qui elle peut convenir, il se l'applique et en fait son profit. Ma sœur, parmi les choses que j'ai à dire, vous saurez bien démêler ce qui vous est propre. Faites-en de même, chrétiens ; suivez avec moi l'amour de soi-même dans tous ses excès, et voyez jusqu'à quel point il

(1) De Civit. Dei, l. xiv. cap. ult.
(2) Verbum sapiens quodcumque audierit sciens laudabit, et ad se adjiciet. Eccli. xxj. 18.

vous a gagnés par ses douceurs dangereuses. Considérez ensuite une ame, qui après s'être ainsi égarée par cet amour pernicieux, commence à revenir sur ses pas ; qui abandonne peu à peu tout ce qu'elle aimoit, et enfin qui laissant tout au-dessous d'elle, ne se réserve plus que Dieu seul. Suivez-la dans tous les pas qu'elle fait pour retourner à lui, et pensez en même temps si vous avez fait quelques progrès dans cette voie ; voilà ce que vous avez à considérer. Entrons d'abord en matière, et pour ne pas vous tenir long-temps en suspens. L'homme que vous voyez si attaché à lui-même par son amour-propre n'a pas été créé avec ce défaut. Dans son origine, Dieu l'avoit fait à son image ; et ce nom d'image lui doit faire entendre qu'il n'étoit pas fait pour lui même ; une image est toute faite pour son original. Si un portrait pouvoit tout d'un coup devenir animé, comme il ne verroit en soi-même aucun trait qui ne se rapportât à la personne qu'il représente, il ne vivroit que pour elle seule, et ne respireroit que pour sa gloire ; et toutefois ces portraits que nous animons se trouveroient obligés à partager leur amour entre les originaux qu'ils représentent, et le peintre qui les a faits. Mais pour nous, nous ne sommes point dans cette peine : celui qui nous a faits est celui qui nous a faits à sa ressemblance ; nous sommes tout ensemble, et les œuvres de ses mains et ses images ; ainsi en toute manière, nous nous devons à lui seul, et c'est à lui seul que notre ame doit être attachée.

En effet, quoique cette ame soit défigurée, quoique cette image de Dieu soit comme effacée par le péché, si nous en cherchons tous les anciens traits, nous reconnoîtrons, malgré sa corruption, qu'elle ressemble encore à Dieu, et que c'étoit pour Dieu qu'elle étoit faite. O ame ! vous connoissez et vous aimez ; c'est-là ce que vous avez de plus essentiel, et c'est par-là que vous ressemblez à votre auteur, qui n'est que connoissance et qu'amour. Mais la connoissance est donnée pour entendre ce qu'il y a de plus vrai, comme l'amour est donné pour aimer ce qu'il y a de meilleur. Qu'est-ce qu'il y a de plus vrai que celui qui est la vérité même ; et qu'y a-t-il de meilleur, que celui qui est la bonté même ? L'ame est donc faite pour Dieu, et c'est à lui qu'elle devoit se tenir attachée et comme suspendue par sa connoissance et par son amour. Il se connoît soi-même, il s'aime soi-même, et c'est-là sa vie; et l'ame raisonnable devoit vivre aussi en le connoisant et en l'aimant. Ainsi, par sa naturelle constitution, elle étoit unie à son auteur, et devoit faire sa félicité d'un être si parfait et si bienfaisant; c'est en cela que consistoit et sa droiture et sa force. Enfin, c'est par-là qu'elle étoit riche, parce qu'encore qu'elle n'eût rien de son propre fonds, elle possédoit un bien infini par la libéralité de son auteur, c'est-à-dire, qu'elle le possédoit lui-même, et le possédoit d'une manière si assurée, qu'elle n'avoit qu'à l'aimer persévéramment pour le posséder toujours; puisqu'aimer un si grand bien, c'est ce qui en assure la possession, ou plutôt c'est ce qui la fait. Mais elle n'est pas demeurée long-temps en cet état; cette ame qui étoit heureuse, parce que Dieu l'avoit faite à son image, n'a pas voulu être son image; elle a voulu, non pas lui ressembler, mais être absolument comme lui: heureuse qu'elle étoit de connoître et d'aimer celui qui se connoît et s'aime éternellement, elle a voulu, comme lui, faire elle-même sa félicité. Hélas! qu'elle s'est trompée, que sa chute a été funeste? Elle est tombée de Dieu sur soi-même: que fera Dieu pour la punir de sa défection? Il lui donnera ce qu'elle demande: se cherchant soi-même, elle se trouvera soi-même.

Mais en se trouvant ainsi soi-même, étrange confusion! elle se perdra bientôt soi-même; car voilà qu'elle commence déjà à se méconnoître: transportée de son orgueil, elle dit: Je suis un Dieu, et je me suis faite moi-même. C'est ainsi que le prophète fait parler ces ames hautaines, qui mettent leur félicité dans leur propre grandeur et dans leur propre excellence. En effet, il est véritable que pour pouvoir dire: Je veux être content de moi-même et me suffire à moi-même, il faut aussi pouvoir dire: Je me suis fait moi-même, ou plutôt, je suis de moi-même. Mais l'ame raisonnable veut être semblable à Dieu par un attribut qui ne peut convenir à la créature, c'est-à-dire, par l'indépendance et par la plénitude de l'être, et étant sortie de son état pour avoir voulu être heureuse, indépendamment de Dieu, ni elle ne consomme son ancienne et naturelle félicité, ni elle n'arrive à celle qu'elle poursuit vainement. Mais comme ici son orgueil la trompe, il faut lui faire sentir par quelqu'autre endroit sa pauvreté et sa misère. Il ne faut pour cela que la laisser quelque temps à elle-même ; cette ame qui s'est tant aimée et tant cherchée, ne se peut plus supporter aussi-tôt qu'elle est seule avec elle-même : sa solitude lui fait horreur ; elle trouve en soi-même un vuide infini que Dieu seul pouvoit remplir, si bien qu'étant séparée de Dieu, que son fond réclame sans cesse ; tourmentée par son indigence, le chagrin la dévore, l'ennui la tue ; il faut qu'elle cherche des amusemens au-dehors, et jamais elle n'aura de repos, si elle ne trouve de quoi s'étourdir. Tant il est vrai que Dieu la punit par son propre déréglement, et que pour s'être cherchée soi-même, elle devient par-là son supplice. Mais elle ne peut pas demeurer en cet état tout triste qu'il est ; il faut qu'elle tombe encore plus bas, et voici comment.

Représentez-vous un homme né dans les richesses, mais qui les a dissipées par ses profusions ; il ne peut souffrir sa pauvreté : ces murailles nues, cette table dégarnie, cette maison presqu'abandonnée, où on ne voit plus cette foule de domestiques, lui font peur : il emprunte de tous côtés pour se cacher à lui-même sa misère : il remplit par ce moyen, en quelque façon, le vuide de sa maison, et soutient l'éclat de son ancienne abondance. Aveugle et malheureux ! qui ne songe pas que tout ce qui l'éblouit menace son repos et sa liberté. Ainsi l'ame raisonnable, née riche par les biens que lui avoit donnés son auteur, et appauvrie volontairement pour s'être cherchée soi-même, réduite à ce fonds et stérile et étroit, tâche de dissiper le chagrin que lui cause son indigence, et de réparer ses ruines, en empruntant de tous côtés de quoi se remplir.

Elle commence par son corps et par ses sens, parce qu'elle ne trouve rien qui lui soit plus proche. Ce corps qui lui est uni si étroitement, mais qui toutefois est d'une nature si inférieure à la sienne, devient le plus cher objet de ses complaisances : elle tourne tous ses soins de son côté ; le moindre rayon de beauté qu'elle y apperçoit suffit pour l'arrêter ; elle se mire, pour ainsi parler, et se considère dans ce corps : elle croit voir dans la douceur de ces regards et de ce visage, la douceur d'une humeur paisible; dans la délicatesse de ces traits, la délicatesse de l'esprit; dans ce port et cette mine relevée, la grandeur et la noblesse du courage. Foible et trompeuse image sans doute! mais enfin la vanité s'en repaît. A quoi es-tu réduite, ame raisonnable ? Toi qui étois née pour l'éternité et pour un objet immortel, tu deviens éprise et captive d'une fleur que le soleil dessèche; d'une vapeur que le vent emporte; en un mot, d'un corps qui par la mortalité est devenu un empêchement et un fardeau à l'esprit.

Elle n'est pas plus heureuse en jouissant des plaisirs que les sens lui offrent: au contraire, elle s'appauvrit dans cette recherche, puisqu'en poursuivant le plaisir, elle perd la raison. C'est un sentiment qui nous transporte, qui nous enivre, qui nous saisit indépendamment d'elle, et nous entraîne malgré ses loix. Elle n'est jamais si foible que lorsque le plaisir domine; et ce qui marque entre l'un et l'autre une opposition éternelle, est que pendant qu'elle demande une chose le plaisir en exige une autre: ainsi l'ame devenue captive du plaisir, devient en même temps ennemie de la raison. Voilà où elle est tombée, quand elle a voulu emprunter des sens; mais ce n'est pas encore là la fin de ses maux; car ses sens dont elle emprunte, empruntent eux-mêmes de tous côtés; ils tirent tout de leurs objets, et engagent par conséquent à tous ces objets extérieurs l'ame, qui, espérant en ses sens, ne peut plus rien avoir que par eux.

Je ne veux point ici parler de tous les sens pour vous faire avouer leur indigence : considérez seulement la vue; à combien d'objets extérieurs elle nous attache : tout ce qui brille, tout ce qui rit aux yeux, tout ce qui paroît grand et magnifique devient l'objet de nos desirs et de notre curiosité. Le Saint-Esprit nous en avoit bien avertis, lorsqu'il avoit dit cette parole : (1) « Ne suivez pas « vos pensées, et vos yeux vous souillant « et vous corrompant; » disons le mot du Saint-Esprit : Nous prostituant nous-mêmes à tous les objets qui se présentent. Nous faisons tout le contraire de ce que Dieu commande; nous nous engageons de toutes parts, nous qui n'avions besoin que de Dieu, nous commençons à

(1) Nec sequantur cogitationes suas, et oculos per res varias fornicantes. Num. xv. 39.

avoir besoin de tout. Cet homme croit s'agrandir avec son équipage qu'il augmente, avec ses appartemens qu'il rehausse, avec son domaine qu'il étend. Cette femme ambitieuse et vaine croit valoir beaucoup quand elle s'est chargée d'or, de pierreries et de mille autres vains ornemens. Toute la nature s'épuise pour la parer, tous les arts suent, toute l'industrie se consomme. Ainsi nous amassons autour de nous tout ce qu'il y a de plus rare; notre vanité se repaît de cette fausse abondance, et par-là nous tombons insensiblement dans les piéges de l'avarice; triste et sombre passion autant qu'elle est cruelle et insatiable. C'est elle, dit S. Augustin, qui trouvant l'ame pauvre et vuide au-dedans, la pousse au-dehors, la partage en mille soucis, et la consume par des efforts et laborieux et vains. Elle se tourmente comme dans un songe: on veut parler, la voix ne se suit pas; on veut faire de grands mouvemens, on sent ses membres engourdis. Ainsi l'ame veut se remplir, elle ne le peut; son argent qu'elle appelle son bien, est au-dehors, et c'est le dedans qui est vuide et pauvre. Elle se tourmente de voir son bien si détaché d'elle-même, si exposé au hasard, si soumis au pouvoir d'autrui. Cependant elle voit croître ses mauvais desirs avec ses richesses. (1) « L'avarice » dit S. Paul « est la racine de « tous les maux. » En effet, les richesses sont un moyen d'avoir presque sûrement tout ce qu'on desire ; par les richesses l'ambitieux se peut assouvir d'honneurs ; le voluptueux de plaisirs, chacun enfin de ce qu'il demande. Tous les mauvais desirs naissent dans un cœur qui croit avoir dans l'argent le moyen de les satisfaire. Il ne faut donc pas s'étonner si la passion des richesses est si violente, puisqu'elle ramasse en elle toutes les autres. Que l'ame est asservie ! de quel joug elle est chargée ! et pour s'être cherchée elle-même, combien elle est devenue pauvre et captive !

Mais peut-être que les passions plus nobles et plus généreuses seront plus capables de la remplir. Voyons ce que la gloire lui pourra produire. Il n'y a rien de plus éclatant, ni qui fasse plus de bruit parmi les hommes, et tout ensemble il n'y a rien de plus misérable ni de plus pauvre. Pour nous en convaincre, consi-

(1) Radix omnium malorum est cupiditas. 1. Tim, vj. 10.

dérons-la dans ce qu'elle a de plus grand et de plus magnifique. Il n'y a point de plus grande gloire que celle des conquérans : choisissons le plus renommé d'entre eux. Quand on veut parler d'un grand conquérant, chacun pense à Alexandre ; ce sera donc, si vous voulez, ce même Alexandre qui nous fera voir la pauvreté des rois dans leurs conquêtes. Qu'est-ce donc qu'il a souhaité ce grand Alexandre, et qu'a-t-il cherché par tant de travaux et tant de peines qu'il a souffertes lui-même, et qu'il a fait souffrir aux autres ? Il a souhaité de faire du bruit dans le monde durant sa vie et après sa mort ; il a tout ce qu'il a demandé ; personne n'en a jamais tant fait dans l'Égypte, dans la Perse, dans les Indes, dans toute la terre ; en Orient et en Occident, depuis plus de deux mille ans on ne parle que d'Alexandre. Il vit dans la bouche de tous les hommes, sans que sa gloire soit effacée ou diminuée depuis tant de siècles ; les éloges ne lui manquent pas, mais c'est lui qui manque aux éloges ; il a eu tout ce qu'il demandoit ; en a-t-il été, ou en est-il plus heureux ? Tourmenté par son ambition durant sa vie, et tourmenté maintenant dans les enfers, où il porte la peine éternelle d'avoir voulu se faire adorer comme un Dieu, soit par orgueil, soit par politique. Il en est de même de tous ses semblables. La gloire est souvent donnée à ceux qui la desirent ; mais en cela « ils ont reçu leur ré- « compense, » dit le Fils de Dieu : (1) ils ont été payés selon leurs mérites. Ces grands hommes, dit S. Augustin, si célèbres parmi les gentils, et j'ajoute, trop estimés parmi les chrétiens, ont eu ce qu'ils demandoient, ils ont acquis cette gloire qu'ils desiroient avec tant d'ardeur ; et tous ces « hommes vains ont reçu « une récompense » aussi vaine que leurs desirs : *Quærebant non a Deo, sed ab hominibus gloriam ; ad quam pervenientes acceperunt mercedem suam, vani vanam* (2).

Vous voyez, messieurs, l'ame raisonnable déchue de sa première dignité, parce qu'elle quitte Dieu, et que Dieu la

---

(1) Matth. vj. 2. et seq.
(2) « Voici en entier ce texte important de S. Au-« gustin : » Propter quam (laudem humanam) multa magna fecerunt, qui magni in hoc seculo nominati sunt, multumque laudati in civitatibus gentium, quærentes non apud Deum, sed apud homines gloriam, et propter hanc velut prudenter, fortiter, temperanter justeque viventes, ad quam pervenientes, perceperunt mercedem suam, vani vanam. In Psalm. 118. Serm. xij. n. 2.

quitte; menée de captivité en captivité, captive d'elle-même, captive de son corps, captive des sens et des plaisirs, captive de toutes les choses extérieures qui l'environnent. S. Paul dit tout en un mot, quand il parle ainsi : *Venundatus sub peccato*, (1) livré au péché, captif sous ses loix, accablé de ce joug honteux comme un esclave vendu. A quel prix l'a-t-il acheté ? Il l'a acheté par tous les faux biens qu'il lui a donnés; et asservi par toutes les choses qu'il croit posséder, il ne peut plus respirer, ni regarder le ciel d'où il est venu. C'est ainsi que nous perdons Dieu, dont toutefois nous ne pouvons nous passer; car il y a au fond de notre ame un secret desir qui le redemande sans cesse. L'idée de celui qui nous a créés est empreinte profondément au-dedans de nous. Mais, ô malheur incroyable! ô lamentable aveuglement! rien n'est gravé si avant dans le cœur de l'homme, et rien ne lui sert moins dans sa conduite. Les sentimens de religion sont la dernière chose qui s'efface en l'homme, et la dernière que l'homme consulte : rien n'excite de plus grand tumulte parmi les hommes; rien ne les remue davan-

(1) Rom. vij. 14.

tage ; et rien en même temps ne les remue moins. En voulez-vous voir une preuve ? A présent que je suis assis dans la chaire de Jésus-Christ et des apôtres, et que vous m'écoutez avec attention, si j'allois (ah ! plutôt la mort), si j'allois vous enseigner quelque erreur, je verrois tout mon auditoire se révolter contre moi : je vous prêche les vérités les plus importantes de la religion, que feront-elles ?..... O Dieu ! qu'est-ce donc que l'homme ? Est-ce un prodige ? Est-ce un assemblage monstrueux de choses incompatibles ? Est-ce une énigme inexplicable ? ou bien n'est-ce pas plutôt, si je puis parler de la sorte, un reste de lui-même, une ombre de ce qu'il étoit dans son origine, un édifice ruiné, qui dans ses masures renversées, conserve encore quelque chose de la beauté et de la grandeur de sa première forme ? Il est tombé en ruine par sa volonté dépravée, le comble s'est abattu sur les murailles, et les murailles sur le fondement ; mais qu'on remue ces ruines, on trouvera dans les restes de ce bâtiment renversé et les traces des fondations, et l'idée du premier dessein, et la marque de l'architecte. L'impression de Dieu y reste encore si forte, qu'il ne peut la perdre, et tout ensemble si foible, qu'il ne peut la suivre, si bien qu'elle semble n'être restée que pour le convaincre de sa faute, et lui faire sentir sa perte. Ainsi il est vrai qu'il a perdu Dieu; mais nous avons dit, et il est vrai, qu'il ne faut pas s'étonner s'il s'est après cela perdu lui-même. L'ame qui s'est éloignée de la source de son être ne connoît plus ce qu'elle est; elle s'est embarrassée, dit S. Augustin, dans toutes les choses qu'elle aime; et de-là vient que les perdant, elle se croit aussi perdue. Ma maison est brûlée, et on dit: Je suis perdu! ma réputation est blessée, ma fortune est ruinée, je suis perdu! Mais sur-tout quand le corps est attaqué, c'est alors qu'on s'écrie plus fort que jamais: Je suis perdu! L'homme se croit attaqué par-là dans le fond de son être, sans vouloir jamais considérer que ce qui dit: Je suis perdu, n'est pas le corps; car il est lui-même sans sentiment; et l'ame qui dit qu'elle est perdue, ne sent pas qu'elle est autre chose que celui dont elle connoît la perte future, et se croit perdue en le perdant. Ah! si elle n'avoit pas oublié Dieu, si elle avoit toujours songé qu'elle est son image, elle se seroit tenue à lui comme au seul appui de son être ; et attachée à un principe si haut, elle n'auroit pas cru périr en voyant tomber une chose qui est si fort au-dessous d'elle ! Mais, comme dit S. Augustin, s'étant engagée toute entière dans son corps et dans toutes les choses sensibles, roulée et enveloppée parmi les objets qu'elle aime, et dont elle traîne continuellement l'idée avec elle, elle ne s'en peut plus démêler, elle ne sait plus ce qu'elle est ; elle dit : Je suis une vapeur, je suis un souffle, je suis un air délié, ou un feu subtil ; sans doute une vapeur qui aime Dieu, un feu qui connoît Dieu, un air fait à son image. O ame ! voilà le comble de tes maux ; en te cherchant, tu t'es perdue : maintenant tu te méconnois en ce triste et malheureux état. Écoutons les paroles de Dieu par la bouche de son prophète : *Convertimini, sicut in profundum recesseratis, filii Israel.* (1) O ame ! réveille-toi, reviens à Dieu, dont tu t'étois si « profondément retirée. »

En effet, chrétiens, dans cet oubli profond, et de Dieu et d'elle-même, où elle s'étoit plongée, ce grand Dieu sait bien la trouver ; il fait entendre sa voix quand

(1) Isai. xxxj. 6.

il lui plaît au milieu du bruit du monde; dans son plus grand éclat, et au milieu de toutes ses pompes, il en découvre le fond, c'est-à-dire, la vanité et le néant. L'ame honteuse de sa servitude vient à considérer pourquoi elle est née, et recherchant en elle-même les restes de l'image de Dieu, elle songe à la rétablir en se réunissant à son auteur. Touchée de ce sentiment elle commence à rejeter les choses extérieures. O richesses! dit-elle, vous n'avez qu'un nom trompeur; vous venez pour me remplir; mais j'ai un vuide infini où vous n'entrez pas: mes secrets desirs qui demandent Dieu, ne peuvent pas être satisfaits de tous vos trésors, il faut que je m'enrichisse par quelque chose de plus grand et de plus intime; voilà les richesses méprisées. L'ame regarde ensuite le corps auquel elle est unie; elle le voit revêtu de mille ornemens étrangers, elle en a honte, parce qu'elle voit que ces ornemens empruntés sont un piége et pour les autres et pour elle-même. Alors elle est en état d'écouter les paroles que le Saint-Esprit adresse aux dames mondaines: « J'ai vu les filles
« de Sion la tête levée, marchant d'un
« pas affecté avec des contenances étu-

« diées, et faisant signe des yeux à droite
« et à gauche; pour cela, dit le Seigneur,
« je ferai tomber tous leurs cheveux (1). »
Quelle sorte de vengeance ? Quoi ! falloit-
il fulminer et le prendre d'un ton si haut
pour abattre si peu de chose ? Ce grand
Dieu qui se vante de déraciner par son
souffle les cèdres du Liban, tonne pour
abattre les feuilles des arbres ! Est-ce là le
digne effet d'une main toute-puissante ?
Dieu a dessein de nous faire entendre
combien il est honteux à l'homme d'être
si fort attaché à des choses vaines, que
leur perte lui soit un supplice : c'est pour
cela qu'il passe encore plus avant. Après
avoir dit : (2) « Je ferai tomber leurs che-

---

(1) Et dixit Dominus : Pro eo quod elevatæ sunt filiæ Sion ; et ambulaverunt extento collo, et nutibus oculorum ibant, et plaudebant, ambulabant pedibus suis, et composito gradu incedebant : decalvabit Dominus verticem filiarum Sion, et Dominus crinem earum nudabit. Is. iij. 16 et 17.

(2) In die illa auferet Dominus ornamentum calceamentorum et lunulas, et torques, et monilia, et armillas, et mitras, et discriminalia, et periscelidas, et murenulas, et olfactoriola, et inaures, et annulos, et gemmas in fronte pendentes, et mutatoria, et palliola, et linteamina, et acus, et specula, et sindones, et vittas, et theristra. Et erit pro suavi odore fœtor, et pro zona funiculus, et pro crispanti crine calvitium, et pro fascia pectorali cilicium. Ibid. 18, 19, 20, 21, 22, 23, 24.

» veux ; je détruirai, » poursuit-il, « et « les colliers, et les bracelets, et les an- « neaux, et les boîtes à parfums, et les « vestes, et les manteaux, et les brode- « ries, et les toiles si déliées, ces vaines « couvertures qui ne cachent rien, etc. » car le Saint-Esprit a voulu descendre dans un dénombrement exact de tous les ornemens de la vanité, s'attachant, pour ainsi parler, à suivre par sa vengeance toutes les diverses parures qu'une vaine curiosité a inventées. A ces menaces d'un Dieu tout-puissant, l'ame qui s'est sentie long-temps attachée à ces ornemens, commence à rentrer en elle-même. Quoi ! Seigneur, dit-elle, vous voulez détruire toute cette vaine parure ? Pour prévenir votre colère, je commencerai moi-même à m'en dépouiller. Entrons dans un état où il n'y ait plus d'ornement que celui de la vertu.

Ici cette ame dégoûtée du monde s'avise que ces ornemens marquent dans les hommes quelque dignité ; elle regarde ces honneurs que le monde vante, et aussitôt elle en voit le fond, elle voit l'orgueil qu'ils inspirent, et découvre dans cet orgueil, et les disputes, et les jalousies, et tous les maux qu'il entraîne : elle voit en même temps que si ces honneurs ont quelque chose de solide, c'est qu'ils obligent de donner au monde un grand exemple : mais on peut en les quittant en donner un plus utile ; et il est beau, quand on les a, d'en faire un si bel usage. Loin donc, honneurs de la terre; tout votre éclat couvre mal nos foiblesses et nos défauts ; il ne les cache qu'à nous seuls, et les fait connoître aux autres. Ah ! « j'aime mieux avoir la dernière « place dans la maison de mon Dieu, « que de tenir les plus hauts rangs dans « les demeures des pécheurs (1). » L'ame se dépouille, comme vous voyez, des choses extérieures ; elle revient de son égarement, et commence à être plus proche d'elle-même. Mais osera-t-elle toucher à ce corps si tendre, si chéri, si ménagé ? N'aura-t-on point pitié de cette complexion délicate ? Au contraire, c'est à lui principalement que l'ame s'en prend, comme à son plus dangereux séducteur. J'ai, dit-elle, trouvé une victime : depuis que ce corps est devenu mortel, il sembloit n'être devenu pour moi qu'un

---

(1) Elegi abjectus esse in domo Dei mei, magis quam habitare in tabernaculis peccatorum. Ps. lxxxiij. 11.

embarras, et qu'un attrait pour me porter au mal ; mais la pénitence me fait voir que je le puis mettre à un meilleur usage. Grace à la miséricorde divine, j'ai en lui de quoi réparer mes fautes passées. Cette pensée la sollicite à ne plus rien donner à ses sens ; elle leur ôte tous leurs plaisirs, elle embrasse toutes les mortifications, elle donne au corps une nourriture peu agréable ; et afin que la nature s'en contente, elle attend que la nécessité la rende supportable. Le coucher dessus la dure, la psalmodie de la nuit, et le travail de la journée attirent le sommeil à ce corps si tendre ; sommeil léger, qui n'appesantit pas l'esprit, et qui n'interrompt presque point ses actions. Ainsi toutes les fonctions même de la nature, commencent dorénavant à devenir des opérations de la grace : on déclare une guerre immortelle et irréconciliable à tous les plaisirs ; il n'y en a aucun si innocent qu'il ne devienne suspect : la raison que Dieu donne à l'ame pour la conduire, s'écrie en les voyant approcher : « (1) c'est ce serpent qui nous a séduits. » Les premiers plaisirs qui nous ont trompés sont entrés dans notre cœur avec une

(1) Serpens decepit me. GENES. iij. 13.

mine innocente, comme un ennemi qui se déguise pour entrer dans une place qu'il veut révolter contre les puissances légitimes ; ces desirs qui nous sembloient innocens, ont remué peu à peu les passions les plus violentes, qui nous ont mis dans les fers que nous avons tant de peine à rompre.

L'ame délivrée par ses réflexions de la captivité des sens, et détachée de son corps par la mortification, est enfin revenue à elle-même. Elle est revenue de bien loin, et semble avoir fait un grand progrès : mais enfin s'étant trouvée elle-même, elle a trouvé la source de tous ses maux. C'est donc à elle-même qu'elle en veut encore : déçue par sa liberté, dont elle a fait un mauvais usage, elle songe à la contraindre de toutes parts ; des grilles affreuses, une retraite profonde, une clôture impénétrable, une obéissance entière, toutes les actions réglées, tous les pas comptés, cent yeux qui nous observent ; encore trouve-t-elle qu'il n'y en a pas assez pour l'empêcher de s'égarer ; elle se met de tous côtés sous le joug ; et se souvenant des tristes jalousies du monde, elle s'abandonne sans réserve aux douces jalousies d'un Dieu bienfaisant, qui ne veut avoir les cœurs que pour les remplir des douceurs célestes. Elle se met des bornes de tous côtés, de peur de retomber sur ces objets extérieurs, et que sa liberté ne s'égare encore une fois en s'y cherchant; mais de peur de s'arrêter en elle-même, elle abandonne sa volonté propre. Ainsi resserrée de toutes parts, elle ne peut plus respirer que du côté du ciel : elle se donne donc en proie à l'amour divin ; elle rappelle sa connoissance et son amour à son usage primitif. C'est alors que nous pouvons dire avec David : « (1) O Dieu, votre serviteur a trouvé son « cœur pour vous faire cette prière : » l'ame si long-temps égarée dans les choses extérieures, s'est enfin retrouvée; mais c'est pour s'élever au-dessus de soi-même, et se donner tout-à-fait à Dieu.

Il n'y a rien de plus nouveau que cet état où l'ame, pleine de Dieu, s'oublie elle-même. De cette union avec Dieu on voit naître bientôt en elle toutes les vertus. Là est la véritable prudence ; car on apprend à tendre à sa fin ; c'est-à-dire, à Dieu, par la seule voie qui y mène, je veux dire par l'amour. Là est la force et

———
(1) Invenit servus tuus cor suum, ut oraret te oratione hac. 2. REG. vij. 27.

le courage; car il n'y a rien qu'on ne souffre pour l'amour de Dieu. Là se trouve la tempérance parfaite, car on ne peut plus goûter les plaisirs des sens qui dérobent à Dieu les cœurs et l'attention des esprits. Là on commence à faire justice à Dieu, au prochain et à soi-même: à Dieu, parce qu'on lui rend tout ce qu'on lui doit, en l'aimant plus que soi-même: au prochain, parce qu'après qu'on a fait l'effort de renoncer à soi-même, on commence à l'aimer véritablement, non pour soi-même, mais comme soi-même. Enfin, on se fait justice à soi-même, parce qu'on se donne de tout son cœur à qui on appartient naturellement. Mais en se donnant de la sorte, on acquiert le plus grand de tous les biens, et on a ce merveilleux avantage d'être heureux par le même objet qui fait la félicité de Dieu. L'amour de Dieu fait donc naître toutes les vertus; et pour les faire subsister éternellement, il leur donne pour fondement l'humilité. Demandez à ceux qui ont dans le cœur quelque passion violente, s'ils conservent quelque orgueil ou quelque fierté en présence de ce qu'ils aiment; on ne se soumet que trop, on n'est que trop humble. L'ame donc possédée de l'amour de Dieu, transportée par cet amour hors de soi-même, n'a garde de songer à soi, ni par conséquent de s'enorgueillir; car elle voit un objet au prix duquel elle se compte pour rien, et en est tellement éprise, qu'elle le préfère à soi-même, non-seulement par raison, mais par amour.

Mais voici de quoi s'humilier plus profondément encore : attachée à ce divin objet, elle voit toujours au-dessous d'elle deux gouffres profonds, le néant d'où elle a été tirée, et un autre néant encore plus affreux, c'est le péché où elle peut tomber sans cesse, si peu qu'elle quitte Dieu, et qu'elle l'oblige de la quitter. Elle considère que si elle est juste, c'est Dieu qui la fait telle continuellement. Saint Augustin ne veut pas qu'on dise que Dieu nous a faits justes, mais il dit qu'il nous fait justes à chaque moment. Ce n'est pas, dit-il, comme un médecin qui, ayant guéri son malade, le laisse dans une santé qui n'a plus besoin de secours; c'est comme l'air qui n'a pas été fait lumineux pour le demeurer ensuite par soi-même; mais qui est fait tel continuellement par le soleil. Ainsi l'ame attachée à Dieu sent continuellement sa dépendance, et que la justice qui lui est donnée ne subsiste pas toute seule, mais que Dieu la crée en elle à chaque moment. De sorte qu'elle se tient toujours attentive de ce côté-là ; elle demeure toujours sous la main de Dieu, toujours attachée au gouvernement et comme au rayon de sa grace. En cet état, elle se connoît ; mais elle ne sent plus de péril comme auparavant ; et sentant qu'elle est faite pour un objet éternel, elle ne connoît plus de mort que le péché.

Il faudroit ici vous découvrir la dernière perfection de l'amour de Dieu; il faudroit vous montrer cette ame détachée des chastes douceurs qui l'ont attirée à Dieu, et possédée seulement de ce qu'elle découvre en Dieu même, c'est-à-dire, de ses perfections infinies. Là se verroit l'union de l'ame avec un Jésus délaissé ; là s'entendroit la dernière consolation de l'amour divin dans un endroit de l'ame si profond et si retiré, que les sens n'en soupçonnent rien, tant il est éloigné de leur région: mais pour s'expliquer sur cette matière, il faudroit un langage que le monde n'entendroit pas.

Finissons donc ce discours, et permettez qu'en finissant, je vous demande, messieurs, si les saintes vérités que j'ai annoncées ont excité en vos cœurs quelque étincelle de l'amour divin. La vie chrétienne que je vous propose si pénitente, si mortifiée, si détachée des sens et de nous-mêmes, vous paroît peut-être impossible. Peut-on vivre, direz-vous, de cette sorte? Peut-on renoncer à ce qui plaît? On vous dira de là-haut (1), qu'on peut quelque chose de plus difficile, puisqu'on peut embrasser tout ce qui choque. Mais pour le faire, direz-vous, il faut aimer Dieu d'une manière bien sublime; et je ne sais si on le peut connoître assez pour l'aimer autant qu'il faudroit. On vous dira de là-haut, qu'on en connoît assez pour l'aimer sans bornes. Mais peut-on mener dans le monde une telle vie? Oui sans doute; il faut que le monde nous désabuse du monde; ses appas ont assez d'illusion, ses faveurs assez d'inconstance, ses rebuts assez d'amertume; il y a assez d'injustice et de perfidie dans le procédé des hommes, assez d'inégalités et de bizarreries dans leurs humeurs incommodes et contrariantes: c'en est assez sans doute pour nous dégoûter. Eh! dites-vous, je n'en suis que trop dégoûté: tout me dégoûte en effet, mais rien ne me touche; le monde me dé-

(1) Madame de La Vallière étoit à la grille d'en-haut avec la reine.

plaît, mais Dieu ne me plaît pas pour cela. Je connois cet état étrange, malheureux et insupportable, mais trop ordinaire dans la vie pour en sortir. Ames chrétiennes, sachez que qui cherche Dieu de bonne-foi, ne manque jamais de le trouver, sa parole y est expresse : « (1) Celui qui de-
« mande, on lui donne; celui qui cher-
« che, il trouve, et on ouvre à celui qui
« frappe. » Si donc vous ne trouvez pas, sans doute vous ne cherchez pas. Remuez jusqu'au fond de votre cœur : ses plaies ont cela, qu'elles peuvent être sondées jusqu'au fond, pourvu qu'on ait le courage de les pénétrer : vous trouverez dans ce fond un secret orgueil qui vous fait dédaigner tout ce qu'on vous dit et tous les sages conseils : vous trouverez un esprit de raillerie inconsidéré qui naît parmi l'enjouement des conversations. Quiconque en est possédé, croit que toute sa vie n'est qu'un jeu : on ne veut que se divertir ; et la face de la raison, si je puis parler de la sorte, paroît trop sérieuse et trop chagrine.

Mais, pourquoi est-ce que je m'étudie à chercher des causes secrètes du dégoût

---

(1) Omnis qui petit, accipit ; et qui quærit, invenit, et pulsanti aperietur. MATTH. iij. 8.

que nous donne la piété? Il y en a de plus grossières et de plus palpables : on sait quelles sont les pensées qui arrêtent ordinairement le monde. On n'aime point la piété véritable, parce que, contente des biens éternels, elle ne donne point d'établissement sur la terre, elle ne fait point la fortune de ceux qui la suivent; c'est l'objection ordinaire que font à Dieu les hommes du monde : mais il y a répondu d'une manière digne de lui par la bouche du prophète Malachie. « (1) Vos pa-
« roles se sont élevées contre moi, dit le
« Seigneur, et vous avez répondu : Quel-
« les paroles avons-nous proférées contre
« vous? Vous avez dit : Celui qui sert Dieu

(1) Invaluerunt super me verba vestra, dicit Dominus. Et dixistis : Quid locuti sumus contra te? Dixistis : Vanus est, qui servit Deo ; et quod emolumentum quia custodivimus præcepta ejus, et quia ambulavimus tristes coram Domino exercituum? Ergo nunc beatos dicimus arrogantes ; siquidem ædificati sunt facientes impietatem ; et tentaverunt Deum, et salvi facti sunt. Tunc locuti sunt timentes Dominum, unusquisque cum proximo suo ; et attendit Dominus, et audivit, et scriptus est liber monumenti coram eo timentibus Dominum, et cogitantibus nomen ejus. Et erunt mihi, ait Dominus exercituum, in die qua ego facio, in peculium : et parcam eis, sicut parcit vir filio suo servienti sibi. Et convertimini, et videbitis quid sit inter justum et impium, et inter servientem Deo, et non servientem ei. MALACH. iij. 13 et seq.

« se tourmente en vain. Quel bien nous
« est-il revenu d'avoir gardé ses comman-
« demens, et d'avoir marché tristement
« devant sa face ? Les hommes superbes
« et entreprenans sont heureux ; car ils se
« sont établis en vivant dans l'impiété ;
« et ils ont tenté Dieu en songeant à se
« faire heureux malgré ses loix, et ils ont
« fait leurs affaires. » Voilà l'objection des
impies proposée dans toute sa force par
le Saint-Esprit ! « A ces mots, poursuit le
« prophète, les gens de bien étonnés, se
« sont parlé secrètement les uns aux au-
« tres. » Personne sur la terre n'ose entreprendre, ce semble, de répondre aux impies qui attaquent Dieu avec une audace
si insensée; mais Dieu répondra lui-même :
« Le Seigneur a prêté l'oreille à ces choses,
« dit le prophète, et il les a ouïes; il a fait
« un livre où il écrit les noms de ceux qui
« le servent : et en ce jour où j'agis, dit
« le Seigneur des armées, c'est-à-dire, en
« ce dernier jour où j'achève mes ouvra-
« ges, où je déploie ma miséricorde et ma
« justice ; en ce jour, dit-il, les gens de
« Sion seront ma possession particulière;
« je les traiterai comme un bon père traite
« un fils obéissant. Alors vous vous retour-
« nerez, impies, vous verrez de loin leur

« félicité, dont vous serez exclus pour ja-
« mais ; et vous verrez quelle différence il
« y a entre le juste et l'impie, entre celui
« qui sert Dieu et celui qui méprise ses lois. »

C'est ainsi que Dieu répond aux objections des impies. Vous n'avez pas voulu croire que ceux qui me servent puissent être heureux : vous n'en avez cru ni à ma parole ni à l'expérience des autres ; votre expérience vous en convaincra, vous les verrez heureux, et vous vous verrez misérable : *Hæc dicit Dominus faciens hæc* ; c'est ce que dit le Seigneur, il l'en faut croire ; car lui-même qui le dit, c'est lui-même qui le fait, et c'est ainsi qu'il fait taire les superbes et les incrédules. Serez-vous assez heureux pour profiter de cet avis et pour prévenir sa colère ? Allez, messieurs, et pensez-y : ne songez point au prédicateur qui vous a parlé, ni s'il a bien dit, ni s'il a mal dit ; qu'importe qu'ait dit un homme mortel ? Il y a un prédicateur invisible qui prêche dans le fond des cœurs ; c'est celui-là que les prédicateurs et les auditeurs doivent écouter. C'est lui qui parle intérieurement à celui qui parle au-dehors, et c'est lui que doivent entendre au-dedans du cœur tous ceux qui prêtent l'oreille aux discours sacrés. Le prédicateur qui parle au-dehors ne fait qu'un seul sermon pour tout un grand peuple, mais le prédicateur du dedans, je veux dire le Saint-Esprit, fait autant de prédications différentes qu'il y a de personnes différentes dans un auditoire ; car il parle à chacun en particulier, et lui applique selon ses besoins la parole de la vie éternelle. Ecoutez-le donc, chrétiens, laissez-lui remuer au fond de vos cœurs ce secret principe de l'amour de Dieu.

Esprit saint, Esprit pacifique, je vous ai préparé les voies en prêchant votre parole ; ma voix a été semblable peut-être à ce bruit impétueux qui a prévenu votre descente ; descendez maintenant, ô feu invisible, et que ces discours enflammés que vous ferez au-dedans des cœurs, les remplissent d'une ardeur céleste ; faites-leur goûter la vie éternelle, qui consiste à connoître et à aimer Dieu : donnez-leur un essai de la vision dans la foi, un avant-goût de la possession dans l'espérance, une goutte de ce torrent de délices qui enivre les bienheureux dans les transports célestes de l'amour divin.

Et vous, ma sœur, qui avez commencé à goûter ces chastes délices, descendez, allez à l'autel; victime de la pénitence, allez achever votre sacrifice : le feu est allumé, l'encens est prêt, le glaive est tiré; le glaive est la parole qui sépare l'ame d'avec elle-même pour l'attacher uniquement à son Dieu. Le sacré Pontife vous attend (1) avec ce voile mystérieux que vous demandez. Enveloppez-vous dans ce voile ; vivez cachée à vous-même aussi bien qu'à tout le monde, et connue de Dieu, échappez-vous à vous-même, sortez de vous-même, et prenez un si noble essor, que vous ne trouviez de repos que dans l'essence éternelle du Père, du Fils, et du Saint-Esprit.

(1) Monseigneur l'archevêque de Paris.

NOTICE
sur la duchesse DE LA VALLIÈRE.

Si celle qui fait l'objet de la présente Notice peut à quelques égards être comparée à cette Henriette d'Angleterre, et à cette Anne de Gonzague dont on a lu précédemment les Oraisons funèbres, et comme elles être appelée une « pécheresse convertie, » les lecteurs sentiront bientôt que par la nature de ses fautes et le caractère de la pénitence qu'elle s'imposa, cette pécheresse est d'un tout autre ordre que les autres, et doit naturellement exciter un bien plus vif intérêt. Un simple et court exposé des événemens de sa vie suffira pour en convaincre.

LOUISE-FRANÇOISE DE LA BAUME-LE-BLANC DE LA VALLIÈRE, qualifiée depuis du titre de duchesse de Vaujour, étoit fille du marquis de la Vallière, gouverneur d'Amboise. Elle naquit en 1644 : après la mort de son père, sa mère s'étant remariée à un gentilhomme attaché au duc d'Orléans, frère de Louis XIII, elle fut élevée à la cour de ce prince qui résidoit habituellement à Blois. Tous les Mémoires publics et particuliers déposent unanimement qu'elle avoit, dès ses plus jeunes années, un caractère de sagesse qui la faisoit singulièrement remarquer, et le duc d'Orléans le témoigne plus d'une fois lui-même dans les termes les plus flatteurs pour elle et les plus honorables.

Quand Monsieur, frère unique de Louis XIV, épousa en 1661 Henriette d'Angleterre, mademoiselle DE LA VALLIÈRE fut placée auprès de cette princesse comme une de ses filles d'honneur. C'est sous ce titre et à cette occasion qu'elle parut à la cour, où ses charmes extérieurs, moins encore que les qualités de son ame douce et naïve, attirèrent bientôt sur elle tous les yeux. Son cœur tendre et sensible à l'excès y trouva bientôt un objet digne de le fixer, et cet objet n'étoit rien moins que le monarque lui-même alors dans la fleur des ans, et que tous les genres de gloire, comme tous les avantages naturels et acquis, contribuoient à rendre l'homme le plus fait pour plaire et être aimé. Depuis long-temps elle nourrissoit dans son cœur ce sentiment involontaire, quand Louis XIV, qui put s'appercevoir aisément de l'impression qu'il avoit faite sur elle, en fut épris lui-même, et lui offrit un hommage que la loi de l'honneur sévère ne fut pas assez fort pour faire refuser. En un mot, elle fut la maitresse du roi, et eut de lui deux enfans, dont l'un (le comte de Vermandois) mourut fort jeune, l'autre (mademoiselle de Blois) fut mariée au prince de Conti. Elle a avoué depuis que dans ces temps d'illusion, et lorsque tout sembloit conspirer à l'agrément et au bonheur de sa vie, elle avoit toujours senti au-dedans d'elle-même un trouble et une humiliation qui ne lui permettoient pas de jouir en repos d'aucun plaisir. Vertueuse, s'il étoit possible, au milieu de ses égaremens, elle gémissoit de sa foiblesse, et conservoit le desir comme l'espérance de pouvoir rentrer un jour dans le droit chemin qu'elle avoit quitté.

L'inconstance seule de son amant pouvoit la mettre à portée de satisfaire à ce vœu de son cœur, et cet événement, trop facile à prévoir, ne tarda pas à arriver. Louis XIV la quitta pour madame de Montespan. Attaquée par son endroit le plus sensible, la malheureuse LA VALLIÈRE résista mal à ce coup funeste. Elle eut une violente et dangereuse maladie qui la conduisit aux portes du tombeau; et rappelée à la vie, elle ne songea plus qu'à se punir elle-même des désordres où son cœur trop tendre l'avoit entraînée. Elle eût trouvé sans doute dans l'éducation de ses enfans et dans la pratique des vertus sociales qui lui étoient si familières, un moyen sûr de réparer sa faute aux yeux de Dieu comme aux yeux des hommes ; l'excès de sa douleur et de son repentir lui en inspira un autre plus pénible pour elle-même, et plus conforme à l'esprit du temps. Elle se décida à embrasser la vie religieuse, et à se soumettre dans un cloître à la plus humble et à la plus laborieuse pénitence. La règle austère qui régissoit les Carmélites lui fit préférer cet ordre à tous les autres. Elle y entra en 1674, n'étant âgée alors que de 30 ans, y prit le nom de Sœur Louise de la Miséricorde, et dans son noviciat comme pendant tout le reste de sa vie qui fut longue et pleine de souffrances, elle ne mit pas de bornes aux macérations et privations de toute nature qu'elle crut devoir s'imposer. Un seul trait en fera juger.

Un jour de vendredi saint étant au réfectoire, elle se ressouvint que dans le temps qu'elle étoit à la cour, elle se trouva dans une partie de chasse, pressée d'une soif dévorante, mais qu'on lui apporta aussi-tôt des rafraîchissemens et des liqueurs délicieuses dont elle but avec le plus grand plaisir. Ce souvenir, joint à la pensée du fiel et du vinaigre dont Jésus-Christ avoit été abreuvé dans sa soif sur la croix, la pénétra d'un si vif sentiment de repentir et d'humiliation, qu'elle résolut dans le moment de ne plus boire du tout. Elle fut près de trois semaines sans boire une goutte d'eau, et trois ans entiers à n'en boire par jour qu'un demi-verre. Cette rude pénitence, dont on ne s'apperçut pas, la fit tomber malade, et depuis ce temps elle eut des maux d'estomac violens qui la réduisirent quelquefois à des foiblesses extrêmes. A des maux de tête continuels se joignirent des rhumatismes douloureux, et une sciatique qui lui déboîta la jambe ; mais malgré tous ses maux elle ne cessa pas jusqu'à la fin de sa vie de partager les pénibles travaux de la communauté, et de se lever chaque jour deux heures avant toutes les autres pour aller se prosterner aux pieds des autels, où dans la saison rigoureuse on la trouvoit souvent évanouie et sans mouvement.

On ne sauroit trop s'étonner qu'une femme élevée et nourrie si long-temps dans la délicatesse et l'opulence, ait pu, au milieu de tant d'infirmités, suffire pendant 36 ans à d'aussi rudes épreuves. Elle mourut en 1710, âgée de près de 66 ans.

EXAMEN

DES ORAISONS FUNÈBRES, (1)

PAR THOMAS.

On a dit de Bossuet que c'étoit le seul homme vraiment éloquent sous le siècle de Louis XIV. Ce jugement paroîtra sans doute extraordinaire ; mais si l'éloquence consiste à s'emparer fortement d'un sujet, à en connoitre les ressources, à en mesurer l'étendue, à enchaîner toutes les parties, à faire succéder avec impétuosité les idées aux idées, et les sentimens aux sentimens, à être poussé par une force irrésistible qui vous entraîne, et à communiquer ce mouvement rapide et involontaire aux autres ; si elle consiste à peindre avec des images vives, à agrandir l'ame, à l'étonner, à répandre dans le discours un sentiment qui se mêle à chaque idée, et lui donne la vie ; si elle consiste à créer des expressions profondes et vastes qui enrichissent les langues, à enchanter l'oreille par une harmonie majestueuse, à n'avoir ni un ton, ni une manière fixe, mais à prendre toujours et le ton et la loi du moment, à marcher quelquefois avec une grandeur imposante et calme, puis tout-à-coup à s'élancer, à s'élever, à descendre, à s'élever encore, imitant la nature qui est irrégulière et grande, et qui embellit quelquefois l'ordre de

(1) Nous croyons ne pouvoir mieux terminer ce Recueil, consacré sur-tout à la jeunesse studieuse, que par l'excellent morceau de Thomas sur cet Orateur éloquent. *Essai sur les éloges*, chap. 29.

l'univers par le désordre même ; si tel est le caractère de la sublime éloquence, qui parmi nous a jamais été aussi éloquent que Bossuet ? Voyez dans l'Oraison funèbre de la reine d'Angleterre, comme il annonce avec hauteur qu'il va instruire les rois ; comme il se jette ensuite à travers les divisions et les orages de cette île ; comme il peint le débordement des sectes, le fanatisme des indépendans, au milieu d'eux Cromwel, actif et impénétrable, hypocrite et hardi, dogmatisant et combattant, montrant l'étendard de la liberté, et précipitant les peuples dans la servitude ; la reine luttant contre le malheur et la révolte, cherchant par-tout des vengeurs, traversant neuf fois les mers, battue par les tempêtes, voyant son époux dans les fers, ses amis sur l'échafaud, ses troupes vaincues, elle-même obligée de céder ; mais dans la chute de l'État, restant ferme parmi ses ruines, telle qu'une colonne qui, après avoir long-temps soutenu un temple ruineux, reçoit sans en être courbée, ce grand édifice qui tombe et fond sur elle sans l'abattre.

Cependant l'Orateur, à travers ce grand spectacle qu'il déploie sur la terre, nous montre toujours Dieu présent au haut des cieux, secouant et brisant les trônes, précipitant la révolution, et par sa force invincible, enchaînant ou domptant tout ce qui lui résiste. Cette idée répandue dans le discours d'un bout à l'autre, y jette une terreur religieuse qui en augmente encore l'effet, et en rend le pathétique plus sublime et plus sombre.

L'éloge funèbre de Henriette d'Angleterre ne présente ni de si grands intérêts, ni un tableau si vaste. C'est un pathétique plus doux, mais qui n'en est pas moins touchant. Peut-être même que le sort d'une jeune princesse, fille, sœur et belle-sœur de roi, jouissant de tous les avantages de la grandeur et de tous ceux de la beauté, morte en quelques heures à l'âge de vingt-six ans par un accident affreux, et avec toutes les marques d'un empoisonnement, devoit faire sur les ames une impression encore plus vive que la chute d'un trône, et la révolution d'un État. On sait que les malheurs imprévus nous frappent plus que les malheurs, qui se développent par degrés. Il semble que la douleur s'use dans les détails. D'ailleurs les hommes ordinaires n'ont point de trône à perdre, mais leur intérêt ajoute à leur pitié, quand un exemple frappant les avertit que leur vie n'est rien. On diroit qu'ils apprennent cette vérité pour la première fois; car tout ce qu'on sent fortement, est une espèce de découverte pour l'ame.

On ne peut douter que Bossuet, en composant cet éloge funèbre, ne fût profondément affecté, tant il y parle avec éloquence et de la misère et de la foiblesse de l'homme! Comme il s'indigne de prononcer encore les mots de grandeur et de gloire! Il peint la terre sous l'image d'un débris vaste et universel; il fait voir l'homme cherchant toujours à s'élever, et la puissance divine poussant l'orgueil de l'homme jusqu'au néant, et pour égaler à jamais les conditions, ne faisant de nous tous qu'une même cendre. Cependant Bossuet, à travers ces idées générales, revient toujours à la princesse, et tous ses retours sont des cris de douleur. On n'a point encore oublié au bout de cent ans l'impulsion terrible qu'il fit, lorsqu'après un morceau plus calme, il s'écria tout-à-coup : « O nuit désastreuse ! ô nuit « effroyable ! où retentit comme un éclat de ton- « nerre cette étonnante nouvelle, madame se meurt, « madame est morte ! » Il est difficile, je crois, d'avoir une éloquence et plus forte et plus abandonnée, et qui avec je ne sais quelle familiarité noble, mêle autant de grandeur.

L'éloge funèbre de la princesse Palatine, quoique bien moins intéressant, nous offre aussi quelques grands traits, mais d'un autre genre. Tel est un morceau sur la cour; sur ce mélange éternel qu'on y voit des plaisirs et des affaires; sur ces jalousies sourdes au-dedans, et cette brillante dissipation au-dehors; sur ces apparences de gaîté qui cachent une ambition si ardente, des soins si profonds, et un sérieux, dit l'Orateur, aussi triste qu'il est vain. On peut encore citer le tableau des guerres civiles de la minorité, et sur-tout un morceau sublime sur les conquêtes de Charles Gustave, roi de Suède. On diroit que l'Orateur suit la marche du conquérant qu'il peint, et se précipite avec lui sur les royaumes. Mais si jamais il parut avoir l'enthousiasme et l'ivresse de son sujet, et s'il le communiqua aux autres, c'est dans l'éloge funèbre du prince de Condé. L'Orateur s'élance avec le héros. Il en a l'impétuosité comme la grandeur. Il ne raconte pas : on croit qu'il imagine, et conçoit lui-même les plans. Il est sur les champs de bataille. Il voit tout, il mesure tout, il a l'air de commander aux événemens, il les appelle, il les prédit, il lie ensemble, et peint à la fois le passé, le présent, l'avenir : tant les objets se succèdent avec rapidité ! tant ils s'entassent et se pressent dans son imagination ! Mais la partie la plus éloquente de cet éloge en est la fin. Les six dernières pages sont un mélange continuel de pathétique et de sublime. Il invite tous ceux qui sont présens, princes, peuple, guerriers, et sur-tout les amis de ce prince à environner son monument, et à venir pleurer sur la cendre d'un grand homme. Dans sa péroraison touchante, et qui sera éternellement citée, on aime à voir l'Orateur paroître, et se mêler lui-même sur la scène. L'idée imposante d'un vieillard qui célèbre un grand homme, ces cheveux blancs, cette voix affoiblie, ce retour sur le passé, ce coup-d'œil ferme et triste sur l'avenir, les idées de vertus et de talens, après les idées de grandeur et de gloire ; enfin, la mort de l'Orateur jetée par lui-même dans le lointain, et comme apperçue par les spectateurs, tout cela forme dans l'ame un sentiment profond qui a quelque chose de doux, d'élevé, de mélancolique et de tendre. Il n'y a pas jusqu'à l'harmonie de ce morceau qui n'ajoute au sentiment, et n'invite l'ame à se recueillir et à se reposer sur sa douleur.

Après avoir admiré les beautés générales, et sur-tout le grand caractère d'éloquence qui se trouve dans ces éloges funèbres, on est fâché d'avoir des défauts à y relever. Mais malgré ces taches, Bossuet n'en est pas moins sublime. C'est ici qu'il faut se rappeler le mot de Henri IV à un ambassadeur : « Est-ce que votre maître n'est pas « assez grand pour avoir des foiblesses ? » Il est vrai qu'il ne faut point abuser de ce droit. On a dit il y a long-temps que Bossuet étoit inégal; mais on n'a point dit assez combien il est long et froid, et vuide d'idées dans quelques parties de ses discours. Personne ne saisit plus fortement ce que son sujet lui présente; mais quand son sujet l'abandonne, personne n'y supplée moins que lui. Ce sont alors des paraphrases et des lieux communs de la morale la plus commune. On croit voir un grand homme qui fait le catéchisme à des enfans. A la vérité il se relève; mais il faut attendre. Ce genre d'éloquence ressemble au mouvement d'un vaisseau dans la tempête, qui tour à tour monte, retombe et disparoît, jusqu'à ce qu'une autre vague vienne le reprendre, et le repousse encore plus haut qu'il n'étoit d'abord. Ce défaut, comme on voit, tient à de grandes beautés; car l'esprit humain est borné par ses perfections même. On souhaiteroit cependant qu'un si grand Orateur fût quelquefois plus soutenu, ou du moins lorsqu'il descend, qu'il remplaçât son élévation par des beautés d'un autre genre. Il y a, comme on sait, une sorte de philosophie mâle et forte, qui applique à des vérités politiques ou morales toute la vigueur de la raison, et c'étoit celle qu'avoit souvent Corneille. Il y en a une autre qui est à la fois profonde et sensible, et qui instruit en même temps qu'elle attendrit et qu'elle élève; et c'étoit celle de Fénélon. Il faut convenir que Bossuet, dans ses éloges, a trop peu de l'une et de l'autre. En général il a bien plus de mouvement que d'idées ; et l'on diroit presque de lui, comme un reproche, qu'il ne sait être qu'éloquent et sublime.

Malgré ces imperfections, il a été dans le siècle de Louis XIV, et reste encore aujourd'hui à la tête de nos Orateurs. Il est dans la classe des hommes éloquens, ce qu'est Homère et Milton dans celle des poètes. Une seule beauté de ces grands écrivains fait pardonner vingt défauts. Jamais, sur-tout, Orateur sacré n'a parlé de Dieu avec tant de dignité et de hauteur. Bossuet semble déployer aux hommes l'intérieur de la Divinité, et la secrète profondeur de ses plans. La Divinité est dans ses discours, comme dans l'univers, remuant tout, agitant tout. Cependant l'Orateur suit de l'œil cet ordre caché. Dans son éloquence sublime il se place entre Dieu et l'homme ; il s'adresse à eux tour à tour. Souvent il offre le contraste de la fragilité humaine, et de l'immutabilité de Dieu, qui voit s'écouler les générations et les siècles comme un jour ; souvent il nous réveille par le rapprochement de la gloire et de l'infortune, de l'excès des grandeurs et de l'excès de la misère. Il traîne l'orgueil humain sur les bords des tombeaux ; mais après l'avoir humilié par ce spectacle, il se relève tout à coup par le contraste de l'homme mortel, et de l'homme entre les bras de la Divinité.

Qui mieux que lui a parlé de la vie, de la mort, de l'éternité, du temps ! Ces idées par elles-mêmes, inspirent à l'imagination une espèce de terreur qui n'est pas loin du sublime. Elles ont quelque chose d'indéfini et de vaste où l'imagination se perd. Elles réveillent dans l'esprit une multitude innombrable d'idées. Elles portent l'ame à un recueillement austère qui lui fait mépriser les objets de ses passions comme indignes d'elle, et semble la détacher de l'univers. Bossuet s'arrête, tantôt sur ces idées, tantôt à travers une foule de sentimens qui l'entraînent ; il ne fait que prononcer de temps en temps ces mots ; et ces mots alors font frissonner, comme les cris interrompus que le voyageur entend quelquefois pendant la nuit dans le silence des forêts, et qui l'avertissent d'un danger qu'il ne connoît pas.

Bossuet n'a presque jamais de route certaine, ou plutôt il la cache. Il va, il vient, il retourne sur lui-même ; il a le désordre d'une imagination forte, d'un sentiment profond. Quelquefois il laisse échapper une idée sublime, et qui, séparée, en a plus d'éclat. Quelquefois il réunit plusieurs grandes idées qu'il jette avec la profusion de la magnificence, et l'abandon de la richesse : mais ce qui le distingue le plus, c'est l'ardeur de ses mouvemens ; c'est son ame qui se mêle à tout. Il semble que du sommet d'un lieu élevé, il découvre de grands événemens qui se passent sous ses yeux, et qu'il les raconte à des hommes qui sont en bas. Il s'élance, il s'écrie, il s'interrompt. C'est une scène dramatique qui se passe entre lui et les personnes qu'il voit, et dont il partage, ou les dangers, ou les malheurs. Quelquefois même le dialogue passionné de l'Orateur s'étend jusqu'aux êtres inanimés, qu'il interroge comme complices ou témoins des événemens qui le frappent.

Comme le style n'est que la représentation des mouvemens de l'ame, son élocution est rapide et forte; il crée ses expressions comme ses idées. Il force impérieusement la langue à le suivre, et au lieu de se plier à elle, il la domine et l'entraîne. Elle devient l'esclave de son génie; mais c'est pour acquérir de la grandeur. Lui seul a le secret de sa langue; elle a je ne sais quoi d'antique et de fier, et d'une nature inculte, mais hardie. Quelquefois il attire même les choses communes à la hauteur de son ame, et les élève par la vigueur de l'expression : plus souvent il joint une expression familière à une idée grande; et alors il étonne davantage, parce qu'il semble même au-dessus de la hauteur de ses pensées. Son style est une suite de tableaux. On pourroit peindre ses idées, si la peinture étoit aussi féconde que son langage. Toutes ses images sont des sensations vives ou terribles. Il les emprunte des objets les plus grands de la nature, et presque toujours d'objets en mouvement.

Il faut que les hommes ordinaires veillent sur eux; il faut que dans l'impuissance d'être grands, ils soient du moins toujours nobles. Ils se voient sans cesse en présence des spectateurs; ils n'osent se fier à la nature, et craignent le repos. Bossuet a la familiarité des grands hommes, qui ne redoutent pas d'être vus de près : il est sûr de ses forces, et saura les retrouver au besoin. Il ne s'apperçoit ni qu'il s'élève, ni qu'il s'abaisse; et dans sa négligence, jointe à sa grandeur, il semble se jouer même de l'admiration qu'il inspire.

Tel est cet Orateur célèbre, qui, par ses beautés et ses défauts, a le plus grand caractère du génie, et avec lequel tous les Orateurs anciens et modernes n'ont rien de commun.

FIN.

TABLE.

Oraison funèbre de Michel Le Tellier, chancelier de France .... p. 1
— De Louis de Bourbon, prince de Condé.... 66
— Du R. P. Bourgoing, supérieur général de la Congrégation de l'Oratoire............. 129
— De madame Yolande de Monterby 165
— De Messire Henri de Gornay 179
Sermon prononcé pour la profession de madame de La Vallière...................... 192
Examen des Oraisons funèbres, par Thomas. 234

FIN DE LA TABLE.

DE L'IMPRIMERIE DE CRAPELET.

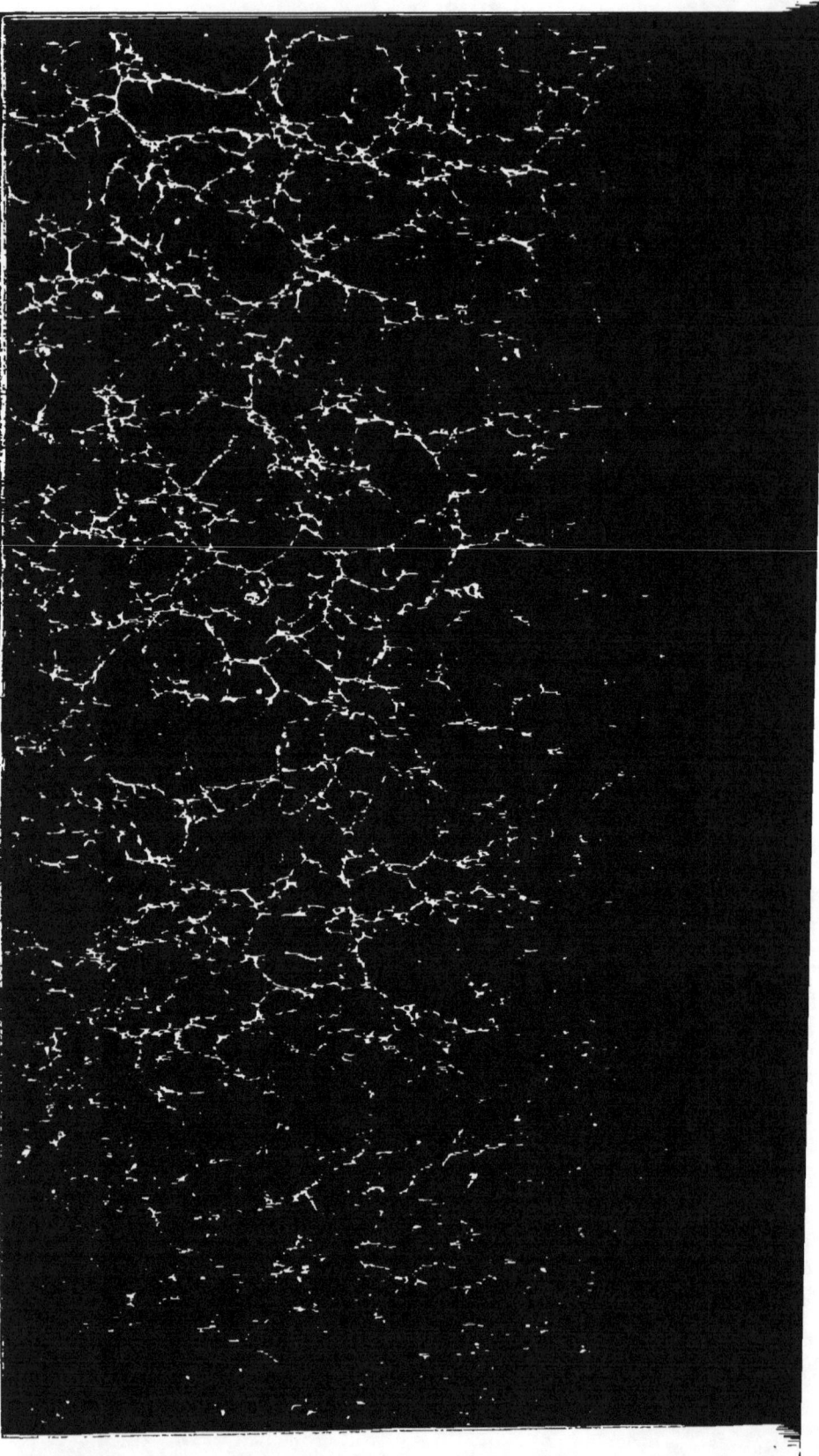

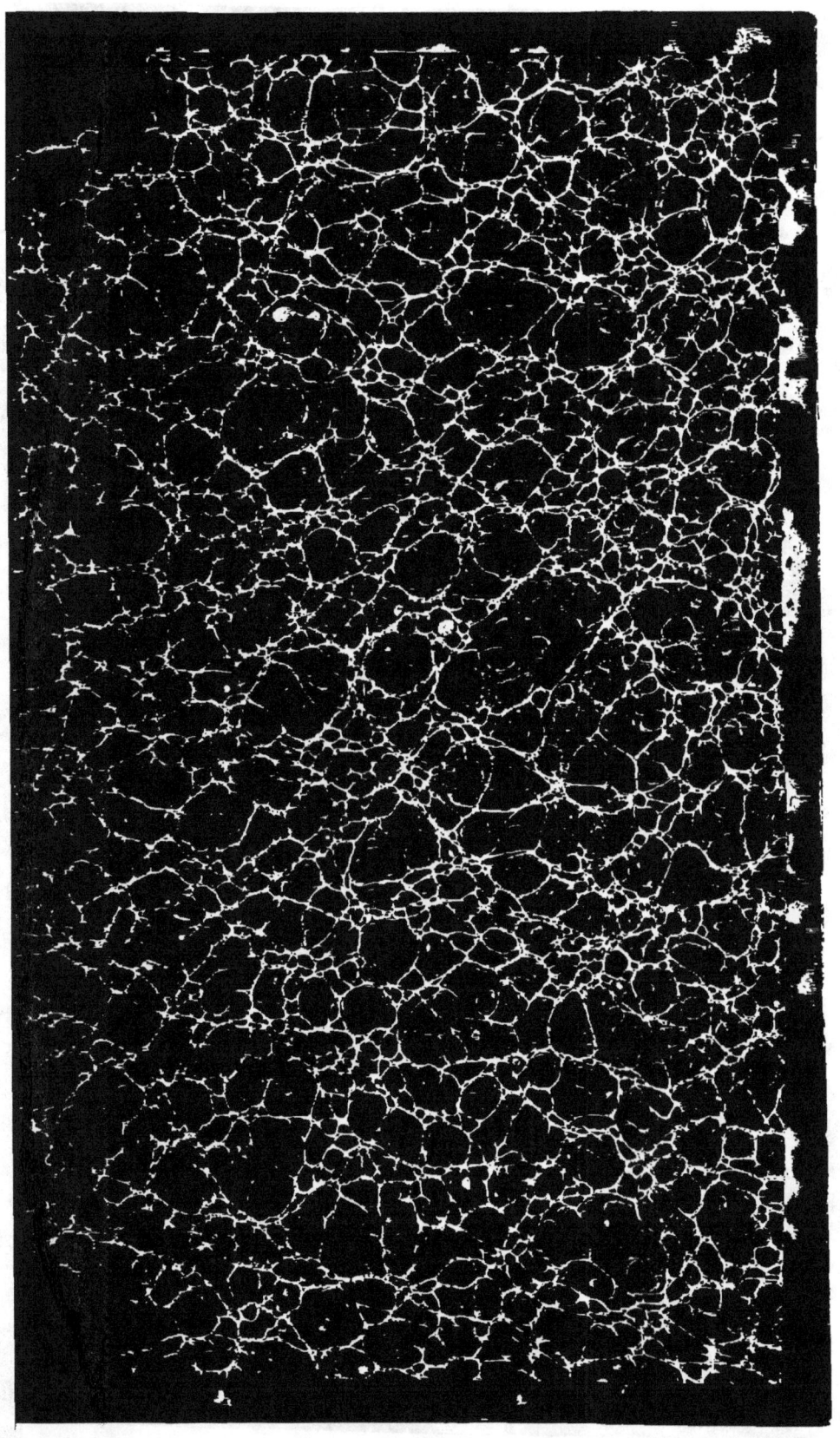

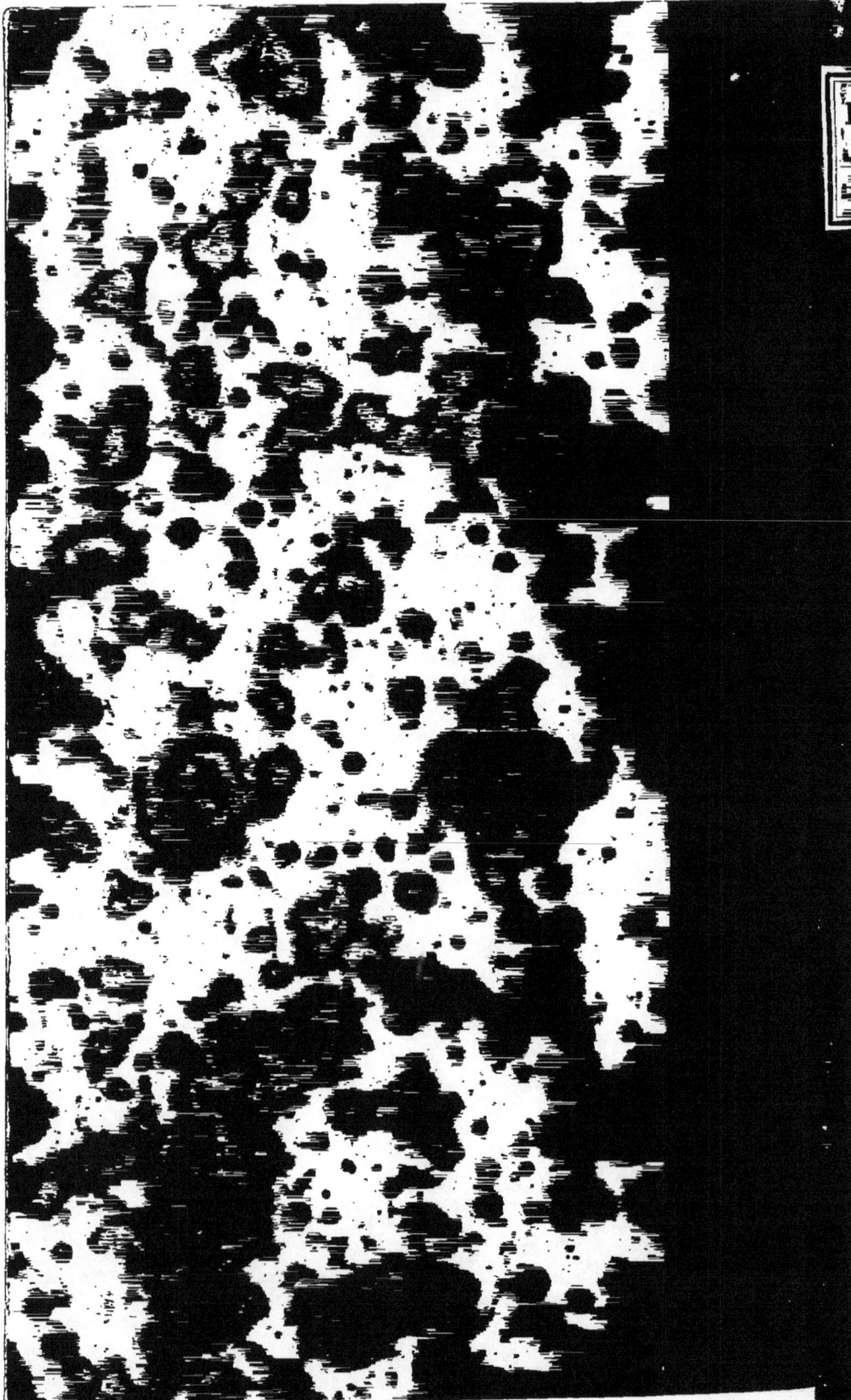